读客®文化

牛津通识课：天才都是疯子吗？

[英] 安德鲁 · 鲁宾逊 著
邬倢鸣 译

东方出版中心

图书在版编目（CIP）数据

牛津通识课. 天才都是疯子吗? / (英) 安德鲁 · 鲁宾逊著 ; 邬俿鸣译. -- 上海 : 东方出版中心, 2021.1
ISBN 978-7-5473-1782-2

Ⅰ. ①牛… Ⅱ. ①安… ②邬… Ⅲ. ①科学知识 - 普及读物②天才 - 通俗读物 Ⅳ. ①Z228②B848.2-49

中国版本图书馆CIP数据核字(2021)第014990号

上海市版权局著作权合同登记：图字09-2020-1022号

牛津通识课：天才都是疯子吗?

著　　者　[英] 安德鲁 · 鲁宾逊
译　　者　邬俿鸣
责任编辑　江彦懿
特邀编辑　韩汶君　　沈　骏
封面设计　王　晓

出版发行　东方出版中心
地　　址　上海市仙霞路345号
邮政编码　200336
电　　话　021-62417400
印 刷 者　北京中科印刷有限公司

开　　本　787mm x 1092mm　1/32
印　　张　7.25
字　　数　107千字
版　　次　2021年7月第1版
印　　次　2021年7月第1次印刷
定　　价　32.00元

目录

致谢

20世纪80年代，我为萨蒂亚吉特·雷伊（Satyajit Ray）写了一部传记，从此便对超凡创造力产生了浓厚的兴趣。雷伊是一位伟大的电影导演，人人皆知，但他还是天赋异禀且成就了得的设计师、插画师、作曲家、小说家、评论家。与他交往多年，我明白了一件事：世界之大，天才极少，但的确存在，并非无中生有。之后，我又为其他冠有“天才”之称的人写过传记，包括物理学家阿尔伯特·爱因斯坦、诗人兼作家拉宾德拉纳特·泰戈尔、语言学家兼译码员麦克尔·文屈斯（Machael Ventris），还有通才托马斯·杨（Thomas Young）。由此，我便针对艺术和科学两界，展开了对超凡创造力的研究，即《灵光闪现：天才是如何炼成的》（*Sudden Genius? The Gradual Path to Creative Breakthroughs*）。

在撰写本书时，出版社牵线搭桥，邀请数位匿名人士审读大纲和原稿，对此我很感激。在他们的建议下，本书在切中主题的同时，既开阔了视野，又明确了路径。

感谢牛津大学出版社的卢西亚娜·奥弗拉赫蒂、爱玛·马钱特、拉莎·梅农、黛博拉·普罗瑟罗，他们为本书做出了诸多贡献，我倍感荣幸。

安德鲁·鲁宾逊

插图目录

| 第一章 |

定义天才

01

荷马、达·芬奇、莎士比亚、莫扎特、托尔斯泰、伽利略、牛顿、达尔文、居里夫人、爱因斯坦——这些艺术家、科学家举世闻名，成就斐然，除此之外，他们还有什么相同之处？不少人也许会这样回答：他们都通过不懈努力，永远地改变了人类对世界的认知，都拥有天才的品性。不过确切来说，我们发现为天才下定义十分困难，尤其是以当代人为对象时。

巴勃罗·毕加索虽有不凡的名望与影响力，但能否尊他为天才，至今未有定论。文坛内，弗吉尼亚·伍尔夫（Virginia Woolf）也是如此。斯蒂芬·霍金虽是大众心目中与爱因斯坦相媲美的当代天才，但懂行的物理学家却不以为然，只将他当作目前众多宇宙学泰斗中的一员罢了。

毫无疑问，天才是个性张扬、独一无二的。然而，天才必有一个共同点，无论平民百姓还是专业人士都无法否认。每一位生物学家仍须阅读达尔文的作品，从中得出新观点，开展新实验。物理学家则需要爱因斯坦的理论。莎士比亚的戏剧、莫扎特的旋律与和声分别从英国和奥地利出发，跨越语言和文化的樊篱，走向世界各地，依旧感动人心。当代“天才”来去匆匆，但天才之思想永驻。天才之作拥有超越一时名望的特质，挣脱了时间和空间的镣铐，是昙花一现的反义词。

现代英语的“天才”（genius）一词起源于古罗马时期，在拉丁语中指“守护之灵”，它将个人、场所、机制等，与命运的力量、时代的更迭联系起来。与古希腊的“daimon”相似，“genius”与被守护者相伴一生，诗人贺拉斯在公元前1世纪曾这样定义道：“……管理每个人出生的星座，管理他的天性，与我们同生，与我们同死，样貌随人而变，肤色或白或黑。”[1]贺拉斯称，只有它知道两兄弟性格迥异、生活方式天差地别的原因。但是古罗马人口中的

1　本句采用了李永毅先生的译法。——译者注

“genius”与能力、创造力并没有必然关系。

直到启蒙运动时期，“genius”才获得了与过去完全不同的现代意义：天才，指展示出超凡的智力或创造力的人，不分先天和后天。贵为神启诗人的荷马，受人敬仰两千余年，却在18世纪才成为一名天才。天才的现义源于拉丁词“ingenium”（而不是“genius”），意为“本性”“先天能力”“才华”。1711年，“天才”一词已广泛流通，约瑟夫·艾迪生（Joseph Addison）在刚开办的《旁观者》（*The Spectator*）刊物上发表了一篇名为《论天才》（*Genius*）的文章，其中写道：“对一位作家最常用的评价莫过于称他为天才。”

> 我听说过不少被人誉为天才的三流诗人，国内没有一个耍笔杆子的缺少称他为伟大天才的仰慕者，至于那些对悲剧只知一星半点的家伙，总有人赞其为旷世奇才。

18世纪中叶，塞缪尔·约翰逊（Samuel Johnson）在期刊《漫步者》（*The Rambler*）上尝试给出天才的定义，侧重后天努力的重要性，具有明显的现代倾向。约翰逊称：

> 由于天才——无论是怎样的天才——就像燧石上的火花，只有与适当的对象发生碰撞，才能诞生，因此每个人都可以通过努力成为天才，不管他的能力是否恰巧能助他实现愿望；而且由于天才们令人羡慕的能力只有在实践中才能展示出真实水平，因此一个人只要秉持着同样的信念，从事同样的事业，也许就能理性地期待同样的成功。

此后不久，约翰逊之友、画家乔舒亚·雷诺兹（Joshua Reynolds）在《艺术演讲录》（*Discourses on Art*）中提到："每位艺术家最大的野心就是成为天才。"但在1826年，批评家威廉·哈兹里特在《天才意识到自己的力量了吗？》（*Whether Genius Is Conscious of Its Power?*）中指出："伟人从不以天才自居……一个人如果将要达到自己内心关于伟大的标准，那他必定总是把伟大看得无足轻重。”以毕加索为例，他公开表明：“我独处时不会把自己视为一名严格意义上的艺术家。乔托、伦勃朗、戈雅才是伟大的画家。”

1896年，达尔文表弟、差异心理学之父弗朗西斯·高尔顿（Francis Galton）的作品《遗传的天才：规律与后果》（*Hereditary Genius: An Inquiry into Its Laws and Consequnces*）出版，针对天才的科学研究由此开始。高尔顿以杰出的个人及其亲属为对象，其中有仍在世的，也有去世的，对他们的背景出身、生活境况与所获成绩进行了细致的调研。但奇怪的是，书中几乎没有提到“天才”一词，没有为天才下定义，索引中也没有“天才”这一条目，而“智力”（intelligence）一词反倒频频出现。此书于1892年再版时，高尔顿对原标题感到不满，希望可以改为《遗传的能力》（*Hereditary Ability*）。在新版序言中，他写道：“用‘天才’一词时，我绝没想过把它作为专业术语看待，只是单纯地用它来表达超常的能力而已。这个字眼包含了太多不确定的因素。许多年轻人被同代人称作‘天才’，传记作家虽很少使用‘天才’一词，不过他们的观点也并不一致。”

1.《荷马礼赞》，让·奥古斯特·多米尼克·安格尔，1827年

直到今天，“天才”的定义仍模糊不清，这也在所难免，但在20世纪时，对天才的要素和模式的研究曾有过些许进步。1998年出版的《天才与心灵》（*Genius and the Mind*）是一本针对创造力和性情的学术研究合集，由心理学家安德鲁·斯特普托（Andrew Steptoe）汇编而成，历史学家罗伊·波特（Roy Porter）在前言中写道：“见到对天才的概括时，我总是心存警惕……除了不寻常之外，他们似乎没有共同点……

不过，身为历史学家，我又情不自禁地被天才所吸引。”这种不确定性也体现在本书所讨论的人物中，他们的地位变幻莫测，如莫扎特、爱因斯坦这样的公认天才寥寥无几。谁是天才，谁不是，这很难达成共识，区区几个公认天才的存在无法赋予“天才”一词精确的定义。事实上，这种悖论正是天才的魅力所在：对学术界而言，以天才为研究对象，几乎就是以塞缪尔·约翰逊所说的“每个人”为研究对象。

2. 巴勃罗·毕加索，1904年。如何确定哪些人是天才，而哪些不是？

高尔顿所处的维多利亚时代崇尚天才，他们个个都像弗吉尼亚·伍尔夫笔下的诗人丁尼生，“意气风发，长发飘飘，头戴黑帽，身披斗篷”。相比之下，21世纪对天才的追捧也许有过之而无不及。达·芬奇、牛顿等艺术、科学天才（本书关注的焦点）激发了一代又一代人的想象力。军事、政治天才如拿破仑、丘吉尔、甘地，“邪恶天才”如希特勒，也是如此。专家和大众也毫不吝啬地用“天才”来形容棋坛、体坛、乐坛的佼佼者，不仅如此，他们还有剥夺这一荣誉的能力，获奖无数、常常引起轰动的英国装置艺术家达明安·赫斯特（Damien Hirst）对此深有体会。2009年，赫斯特新作首展，遭到各方评论狂轰滥炸，作为回应，他表示将继续创作，不断进步，并称：“我不相信天才，我相信自由。所有人都能成功，所有人都能成为伦勃朗。持久的练习造就伟大的画作。”

“先天遗传”与“后天养成”这对概念的创始人高尔顿，绝不会同意赫斯特的说法。智力超群的高尔顿是达尔文家族的一分子，他的外祖父伊拉斯谟斯·达尔文（Erasmus Darwin）是查尔斯·达尔文的祖父。正是由于查尔斯·达尔文于1895年出版的《物种起源》（*On the Origin of Species*）阐述了自然选择的现象，高尔顿才相信，高智商和天才头脑必须靠遗传。高尔顿为古今精英（主要是但不仅限于英国人）做了能力排序，并从中检索出家族内出现精英的频率，希望证实开篇的论点：

> 本书旨在说明，在有机世界的形式和物质特征等限制条件完全相同时，人是通过遗传获得天生能力的。

为了获取所需数据，高尔顿将名望视为判断能力高下的精确指标。这合情合理，但并非完美无缺。他分析了记录在册的种种成就与荣誉，来源有三：名噪一时的传记手册《时代伟人》（*Men of the Time*）、《泰晤士报》（*The Times*）于1868年发布的讣告，以及过去在英国发布的讣告。要是他活在今天，一定也会分析诺贝尔奖得主名单。以此为基础，高尔顿武断地将“精英”定义为身份地位较高的人，每100万人中只有250人，也就是每4000人中只有1人。他对这一数字的解释充满诗意：夜里满天繁星，肉眼可见的可能有4000颗，“但最亮的那颗，是多么超凡脱俗”。“巨擘”则比精英更加稀少，100万人中只有1人，甚至几百万、上千万中只有1人。“一位巨擘去世时，整个知识阶层都会为他沉痛哀悼，他应享受公葬待遇，被列为历史伟人，为后世称颂。”如前文所述，高尔顿没有为“天才”下定义。

《遗传的天才》的主体部分，便是高尔顿如何将“精英”“巨擘”融入家族中。从“1660年至1865年的英国法官”一章开始，高尔顿的研究涉及“文学家”“科学家”“音乐家”“神学家”“剑桥古典文化学者”等不同领域的人物，并以“桨手”和“北部乡村摔跤手”作结。显然，对高尔顿和后来的研究者而言，天才的概念，只有运用在某个领域中，才有意义，比如音乐天才、划桨天才。

高尔顿对比从不同领域中获取到的结论，声称这些结论不能证明他的遗传论点，只能提供论据支撑。“综合结论如下：50%的巨擘有一到多个亲属是精英。”其中比例最高的是资深法官（24/30），高达80%，还有科学家（65/83）；比例最低的在20%～30%，有神学家（33/196）和音乐家（26/100），所有领域平均值为50%。然而，高尔顿承认，他的个人偏见很容易影响对精英和巨擘的选择。在“科学家”一章中，牛顿的祖辈或后代显然都不是脑力劳动者，这无疑为高尔顿的研究增设了一大障碍，他在冗长又牵强的注释中依然尝试找出牛顿家族中的精英。最令人惊讶的是，高尔顿在书中根本没有提到几位声望极高的英国科学家，包括数学家乔治·布尔（George Boole）、化学家约翰·道尔顿（John Dalton）、物理学家迈克尔·法拉第（Michael Faraday）、天文学家埃德蒙·哈雷（Edmond Halley）、博物学家约翰·雷（John Ray）、建筑师克里斯托弗·雷恩（Christopher Wren）。法拉第是维多利亚时期最有名的科学家，将他略去不提尤其暴露了高尔顿的私心——作为区区铁匠之子，法拉第和他的家族对论证毫无帮助。

高尔顿发现，科学家的能力有很高比例来自遗传。而《数学精英》（*Men of Mathematics*）却展示了在获得最高级别成就的伟人中，数学能力的遗传概率微乎其微。此书由数学家埃里克·坦普尔·贝尔

（Eric Temple Bell）撰写，于1973年首次出版，是关于伟大数学家生平的权威性研究。的确，不少伟大的数学家都出身卑微。牛顿是自耕农之子，卡尔·弗里德里希·高斯（Carl Friedrich Gauss）是园丁之子，皮埃尔–西蒙·拉普拉斯（Pièrre-Simon Laplace）是教区官员和果酒商之子。其他人虽有专业背景，但是从能够获取到祖辈信息的公元前5世纪开始，以芝诺为第一人，贝尔描述的28位各个时代的数学家中，他们的父辈或近亲几乎没有取得过任何数学方面的成就。

虽然高尔顿提出的精英家族十分有趣，但那显然不能表明天才头脑具有遗传性。他的分析里有一个根本的缺点：天才的界定标准不够严格，当然，他也没有对天才下过定义，因此其中许多人的成就虽然十分可观，但经不住时间的考验。也可以这么说，《遗传的天才》相对于诺贝尔奖而言，更像女王的授勋名单。（诺贝尔奖是否善于分辨天才？详见第十章。）当高尔顿在书中提到“一个人天生能力”的遗传性时，他似乎想表达的是才华（talent）的遗传性，而非天才（genius）。如今多数心理学家认为，有相当多的证据表明才华具有一定的遗传性，只是这些证据不像高尔顿声称的那样有说服力罢了，而几乎没有证据表明天才头脑具有遗传性。

要将才华与天才区分开来，必定困难重重，因为这两个概念都没有广为认可的定义和评估方式。才华和天才构成的，是互相联结的整体，还是互相分离的断层？——最显眼的问题莫过于此。换句话说，我们是否应该给天才分个三六九等呢？物理学家通常认为，同是诺贝尔奖得主，爱因斯坦比起他的同代人尼尔斯·玻尔（Niels Bohr）更伟大。艺术家认为毕加索比乔治·布拉克（Georges Braque）更伟大。

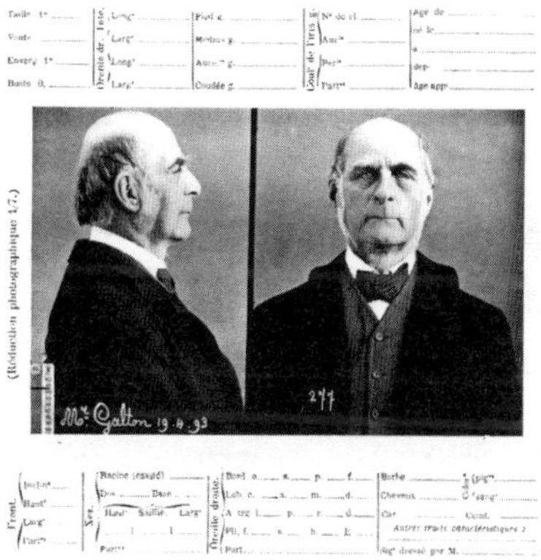

3. 弗朗西斯·高尔顿于巴黎访问刑事鉴定前沿实验室时拍下的罪犯登记相片，1893年

作曲家认为莫扎特比他的狂热崇拜者约瑟夫·海顿（Joseph Haydn）更伟大。

作曲家排行榜为我们提供了一些思路。20世纪时，心理学家邀请数位管弦乐演奏者、音乐学家为一系列作曲家按重要性排名，把各个作曲家的曲目演奏频次做成表格，以此为基础编制出了许多排行榜。1933年，四支美国一流管弦乐队的成员参与了排名调查，对象为17位最有名的古典乐作曲家，以及两位作为参考标准的现代流行乐作曲家。四支乐队都把贝多芬排在首位，把两位现代流行乐作曲家——爱德华·麦克道威尔（Edward MacDowell）和维克多·赫伯特（Victor Herbert）——排在末尾。此外，他们都把巴赫、约翰内斯·勃拉姆斯（Johannes Brahms）、莫扎特、理查德·瓦格纳（Richard Wagner）、弗朗茨·舒伯特（Franz Schubert）排在前面，而把爱德华·格里格（Edvard Grieg）、赛萨尔·弗兰克（César Franck）、朱塞佩·威尔第（Giuseppe Verdi）、伊戈尔·斯特拉文斯基（Igor Stravinsky）排在后面。平均下来，勃拉姆斯第二，莫扎特第三，瓦格纳第四，巴赫第五，舒伯特第六。令人惊奇的是，乔治·弗里德里希·亨德尔（George Frederick Handel）并不在列。1969年，美国音乐学学会成员参与了相似的调查，不过这次排名对象增加到了100位，结果与1933年的差别不大，虽然巴赫成了第一，贝多芬第二，莫扎特仍是第三，亨德尔第六。1968年，一项关于演奏频次的调查显示，莫扎特的曲目最常被人演奏，接下来频次从高到低为贝多芬、巴赫、瓦格纳、勃拉姆斯、舒伯特。由此看来，如1969年调查中所说，“品位是有理有据的”。

但更有趣的是1933年调查的完整结果。调查人员要求每位音乐家将19位作曲家进行对比，并表明对每一位的喜爱程度，排名呈现在一张按比例绘制的图表上：排名越靠后，喜爱程度越低，但从贝多芬到格里格，喜爱程度的降幅并不大（只有到了麦克道威尔和赫伯特那里才直线下降）。1968年，关于100位作曲家曲目演奏频次的调查中，从位列第一的莫扎特到最后一名朱塞佩·塔尔蒂尼（Giuseppe Tartini），曲目演奏频次降幅也不大，没有明显的断崖。演奏频次的骤降似乎能够说明天才和才华之间存在断层，但这样的骤降并没有出现。

如果才华只是天才的近义词和必要组成部分（有才华还不足以成为天才），那什么是才华的组成部分呢？经遗传获得的能力、激情、决心、高强度训练、辅导后的反馈，还是上述所有因素的总和？

其中，遗传和长时间练习之间的关系最具争议性。基因影响和环境影响纠缠在一起，要将两者分清十分困难。如科学界中，家长和子女都得到诺贝尔奖的共有七对，但是要探究子女的成功在多大程度上由基因决定，是不可能的。威廉·布拉格（Willian Bragg）和其子劳伦斯·布拉格（Lawrence Bragg）共同工作，一起分享了诺贝尔奖；奥格·玻尔（Aage Bohr）在父亲尼尔斯·玻尔的理论物理研究所工作了数十年；伊雷娜·约里奥–居里（Irène Joliot-Curie）从小就在实验室中接受母亲玛丽·居里的集中培训。诺贝尔文学奖得主人数比较少，由于文学素养的提升很大程度上是独自完成的，所以没有家长与子女共同得奖的先例，但至少表明后天培训可能比遗传获得的才华更加重要。

莫扎特的生平众所周知，用他来说明上述难点再好不过了。他的父亲利奥波德·莫扎特（Leopold Mozart）

是一位才华横溢的音乐家，同时也是小提琴手、音乐教师、作曲家，他母亲的家族内也有从事音乐行业的亲戚。因此，莫扎特无疑继承了些许音乐才能。但利奥波德个性强势、目光长远，他控制儿子的生活长达二十多年，在此期间，小莫扎特接受着父亲特殊的培训。我们可以将莫扎特的家族基因与家庭培育两种影响分开观察，而这样的例子并不多见。莫扎特的姐姐玛利亚·安娜〔Maria Anna，昵称为南妮尔（Nannerl）〕比他年长四岁半，两人自然分享着相同的基因，童年的南妮尔也弹得一手好琴，也与弟弟一起接受父亲的集中培训。1763年到1766年，姐弟俩学有所成，利奥波德就带着他们各处巡演，走遍欧洲的一座座宫廷、一个个大都市，两人都成了小明星。但是，南妮尔不像弟弟那样，她没有走上创作的道路。原因何在？

性别差异不是答案。虽然18世纪的女性在许多领域都没有得到应有的尊重，但在音乐界却并非如此，那时已有不少优秀女性音乐家。野心勃勃的利奥波德也没有理由让少女时期的南妮尔停止学习音乐。研究莫扎特歌剧的心理学家安德鲁·斯特普托写道：“我认为，南妮尔仅停留在音乐演奏层面，是因为她不具有做出原创音乐的能力。”

案例证明，两人初露锋芒，能力有高下是因为他们个人天生资质不同。另外，没有利奥波德的集中培训，小莫扎特的创造力也不会开花结果，这是毋庸置疑的。

小莫扎特的音乐才能，父亲和姐姐都看得一清二楚。许多成功的音乐家和作曲家在童年时都是如此。因此许多人认为，虽然想成为专业人士必须经过磨炼，但才华本质上是与生俱来的，不能通过后天习得，这一观点在音乐教育者之间尤其盛行。人们常说，某人很会演奏乐器，因为他有才华。他们怎么知道他有才华？很明显，因为他演奏得太好了！

然而，数十年下来，心理学家开展了数以百计的调查研究，都没能完全证明与生俱来的才华是存在的。虽然的确有证据证明基因对智力高低有影响（见第四章），但总体智力与许多具体能力（如乐器演奏水平）之间的联系并不紧密。调查仍在继续，但目前尚未发现“专为”具体领域的才华服务的基因。此外，20世纪在体坛、棋坛、乐坛及其他各领域中，所有标准无疑都得到了惊人的提升，如此迅速的发展是无法通过基因变化来解释的，因为基因的改变需要上千年的时间。心理学家的研究指出，起作用的不只有基因，前文提到的其他因素同样重要，如激情、决心、练习和辅导。

在一项研究中，音乐学校的老师对学生进行能力评估，也就是对学生的才华做出判断，以此为依据把学生分成两组。为了不影响学生未来的表现，分组是全程保密的。多年以后，演奏水平排名最高的学生，是那批在这些年里练习最勤奋的，而不是老师划定的“才华组”。在音乐心理学家盖里·麦克弗森（Gary McPherson）的研究中，儿童在上第一节音乐课之前，需要回答一个简单的问题：“你觉得这件新乐器会陪伴你多久？”选项有：一年、到小学毕业为止、到高中毕业为止、一生。基于他们的答案，麦克弗森在保密的情况下将这些儿童分成三组，分别是短期投入组、中期投入组、长期投入组。接着，他记录下每个儿童每周的练习量，也分为三组：低强度组（每周20分钟）、中强度组（每周45分钟）、高强度组（每周90分钟）。麦克弗森将他们的真实演奏水平绘制成图表后，三组之间的差别令人瞠目结舌。相比短期投入、高强度练习的儿童（也许是父母强迫的），长期投入、低强度练习的儿童演奏水平更高，而且当长期投入组也提高练习量时，他们的演奏水平比短期投入组高出300%。

近期的神经科学研究证明了坚持练习会产生生理效应。大脑是可塑的，它在练习过程中发生了变化。埃莉诺·马奎尔（Eleanor Maguire）及其同事于2000年发表了一项有名的研究，他们用功能性磁共振成像技术（fMRI）检测了伦敦出租车司机的海马体。司机日以继夜地练习着空间记忆，他们的海马体相比对照组大出许多。此外，海马体的体积还与司机从事该行业的年数相关。

音乐家也成为研究对象。2005年，一项研究运用弥散张量成像（DTI）检测专业钢琴弹奏者的大脑。这种技术是磁共振成像的一种，对脑白质（而非灰质）的变化十分敏感。这项研究的主要作者弗莱德里克·乌兰（Fredrik Ullén）既是钢琴大师，又是神经科学家，他的兴趣在于研究音乐练习对白质的影响。髓鞘质是一种大部分由脂肪构成的白色物质，它就像导线外的塑料绝缘体那样，包裹着成人大脑中的传导轴突（线状神经纤维）。乌兰发现，随着练习的增加，髓鞘质会逐渐变厚，DTI信号也会逐渐增强。钢琴弹奏者练习的时间越久，髓鞘质就越厚，轴突的传导就越有效，脑内的突触和神经元的交流系统就会运行得更好。

神经科学家道格拉斯·费尔兹（R. Douglas Fields）认为："毫无疑问，白质将大脑皮层中互相独立的区域广泛地联系起来，对需要长期训练和重复的学习种类而言至关重要。大脑中髓鞘质仍在增加的儿童，在学习新技能时比祖父母辈更加轻松。"

因此，对弹钢琴、下棋、打网球等具体任务而言，练习似乎对完善大脑很有帮助。但是，与身体上的任何部位一样，大脑无疑首先是在个人基因组的指导下形成并发育的，不受主观决定控制。这么一来，我们又回到才华的基因或天生成分这一棘手的问题上来了。

这个问题至今未有定论，最好的答案也许是心理学家迈克尔·豪（Michael Howe）、约翰·斯洛博达（John Sloboda）和音乐学家简·戴维森（Jane Davison）

的分析，三人共同审视了所有关于才华的科学文献。1998年，他们谨慎地做出了以下结论："某些具体能力的个人差异可能确实有部分源于基因……一些只有少数人拥有的特征确实存在，在这样十分局限的视角下，才华可能可以说是存在的。"但是总的来说，他们指出"几乎没有证据证明生来就有的才华的存在"，教育界（尤其是音乐教育）盛行的说法产生了不良后果，有能力的儿童原本可以成为"才华横溢"的大人，却因受到歧视而断送前程。一些心理学家同意他们的观点，另一些却表示强烈反对。

比起才华，天才研究的疑难更多，高尔顿在《遗传的天才》中遇到的困扰仍没有解开，天才的定义和评估方式仍悬而未决。想想达·芬奇、牛顿等伟人的成就，就知道否认天才的存在是荒谬的。坚信天才完全超凡脱俗，绝非"有些才华罢了"，同样也是荒谬的，只需要看看两度获得诺贝尔物理学奖的约翰·巴丁（John Bardeen）就明白了。他一直为物理学界奉献，但他自己和其他物理学家都不认为他是天才。虽然天才头脑既不能遗传也不能继承，但是像才华一样，在莫扎特父子、达尔文祖孙等诸多案例中，天才又似乎是部分源于基因。而与才华不同，天才是父母基因和个人境遇的特殊构造。由于天才只能把部分有用的基因传给后代，而不能将全部基因遗传下去，后代的个人境遇又必定与天才父母不同，这种特殊构造就无法在后代身上重演。因此，天才的头脑无法遗传，而才华有时却可以，也就不足为奇了。

| 第二章 |

天才家事

02

每一种文化都孕育了才华横溢的名门望族，如德国的巴赫家族、瑞士的伯努利家族、英国的达尔文家族和赫胥黎家族、印度的泰戈尔家族、俄国的托尔斯泰家族。然而，即使这些家族中杰出人物不少，家族中广受认可的天才也只有一位：约翰·塞巴斯蒂安·巴赫、丹尼尔·伯努利（Daniel Bernoulli）、查尔斯·达尔文、拉宾德拉纳特·泰戈尔、列夫·托尔斯泰。

乔尔乔·瓦萨里（Giorgio Vasari）在《艺苑名人传》（*Lives of the Artists*）中指出，16世纪文艺复兴时期，大多数著名艺术家的父辈都缺乏创作细胞——列奥纳多·达·芬奇、米开朗琪罗、提香的父亲分别是法律公证员、钱庄掌柜、议员——天才头脑并非传家宝，不能世代相传。在《遗传的天才》中，高尔顿通过论证才华（talent）似乎能部分遗传，且在英国法官身上尤为明显，无意间说明了天才（genius）无法遗传。天才名册上，每个伟大的姓氏只会出现一次：莎士比亚、贝尼尼、牛顿、贝多芬、法拉第、拜伦、高斯、塞尚、爱因斯坦。天才的子嗣似乎无法成为天才。

然而，一个创造力超群的家族中，可能出现多个天才。达尔文家族人人皆知——查尔斯·达尔文的祖父伊拉斯谟斯·达尔文是医学家、生物学家、作家，外祖父约西亚·韦奇伍德（Josiah Wedgwood）是瓷器大亨。弗吉尼亚·伍尔夫的家族也是如此——父方的斯蒂芬家族中，学者、作家不胜枚举，其中属她的父亲、《国家人物传记大辞典》（*The Dictionary of National Biography*）的创始主编莱斯利·斯蒂芬（Leslie Stephen）最负盛名；母方则有摄影师朱丽亚·玛格丽特·卡梅隆（Julia Margaret Cameron）。了解泰戈尔家族的人则较少——诗人泰戈尔是孟加拉宗教领袖代温德拉纳特·泰戈尔（Debendranath Tagore）之子，是印度首位工业企业家德瓦尔伽纳特·泰戈尔（Dwarkanath Tagore）之孙。

因此，尽管遗传与非凡的创造力之间的确存在某种关系，但两者的关联程度仍未有定论。同样，环境因素、家长的熏陶或是冷落都可能与天才的成长挂钩。

值得注意的是，不少天才早年丧亲。1978年，心理学家J. M. 艾森斯塔特调查了699位著名历史人物，发现10岁前丧父或丧母的人占25%，15岁前的占34.5%，20岁前的占45%，26岁前的占52%，超过半数。10岁前丧父或丧母的包括：J. S. 巴赫、罗伯特·玻义耳（Robert Boyle）、塞缪尔·泰勒·柯勒律治（Samuel Taylor Coleridge）、但丁、达尔文、安东尼·拉瓦锡（Antoine Lavoisier）、米开朗琪罗、牛顿、彼得·保罗·鲁本斯（Peter Paul Rubens）、托尔斯泰、理查德·瓦格纳、奥逊·威尔斯（Orson Welles）。20岁前丧父或丧母的包括：汉斯·克里斯汀·安徒生、贝多芬、玛丽·居里、汉弗里·戴维（Humphry Davy）、埃德加·德加（Edgar Degas）、费奥多尔·陀思妥耶夫斯基、乔治·弗里德里希·亨德尔、罗伯特·胡克（Robert Hooke）、维克多·雨果、奥古斯特·凯库勒（August Kekulé）、泰戈尔、马克·吐温、弗吉尼亚·伍尔夫。当然，由于无法结合同时期总人口的死亡率来观察上述数据，我们难以断定丧亲和天才的关系。近些年，此类预期寿命估算成为可能后，研究也仅基于20世纪早期的数据。例如，1953年，安妮·罗伊针对美国杰出科学家开展调查，结果表明，15岁前丧母或父母双亡的比例为26%，是总人口比例（8%）的三倍左右，其相对频率与少年犯或有自杀倾向的抑郁症患者大致相同。

面对这些数据，人们不禁疑惑：同样是经历丧亲之痛，为什么有些儿童变得更加坚强，另一些则变得软弱畏缩，甚至走向毁灭？1895年，伦道夫·丘吉尔（Randolph Churchill）在痛苦中撒手人寰，21岁丧父的温斯顿·丘吉尔曾这样说：

> 孤独的小树一旦开始成长，定能枝繁叶茂；永失父亲关怀的男孩，只要避开青年时期的危险，就往往能具备独立、创新的思想，得以疗愈早年的怆痛。

1895年，母亲的早逝导致弗吉尼亚·伍尔夫第一次精神崩溃，此后她与父亲关系恶化，父女二人痛苦不堪。1904年，父亲辞世，伍尔夫再度精神崩溃。在决定伍尔夫思想性格的这几年里，她成为职业作家，而不是陷入绝望、才思枯竭，或者更糟。是什么让她从丧亲之痛中恢复过来，哪怕这恢复只持续了一段时间？

毋庸置疑，个中缘由十分复杂，不同的个体有不同的原因，与丧亲时的心智水平、客观境遇有关。达尔文在自传中写道，母亲去世时他只有8岁，还不懂事；居里夫人丧母时与达尔文年纪相仿，但根据她的自传，母亲的死让她堕入抑郁的深渊。早年丧亲必定会引发一系列矛盾的情感，或焦虑或愤怒，一方面是自我保护和对安全感的渴望，另一方面是自我标榜和对关爱的向往。但是，为什么有时早年的丧亲之痛反而会激发创造力，甚至铸就天才呢？

心理学家给出了许多解释。一种解释认为，社会剥夺了至亲的生命，创造性成就、青年犯罪与自杀都是对社会表达不满的回应。个体通过创造性成就，批判或抨击现存的社会信条和社会风俗，从而开辟出一条独立自主、标新立异的道路，拒绝遵守社会的规章制度。另一种解释则认为，至亲与世长辞，惨遭遗弃的孩子不禁感到孤独、悲伤、愧疚，找不到自我价值，创造性成就为他们提供了发泄情感的窗口，挽救他们于自我毁灭的崖边。还有一种解释是，创造性成就能带来鲜花和掌声，也能带来威望与权力，得势的丧亲者能对身边的人进行操纵和支配，从而感到命运在握，自我保护得以实现，不必遭受更多的打击。

精神病学家、精神分析师卡伦·霍妮（Karen Horney）提出，早年丧亲的可能反应有三种基本目的：一是为了接近人群，个体从周围汲取关爱和赞同，受到敬佩和保护，友善的小达尔文就是如此；二是为了疏远人群，个体脱离社会，力求独立、自足、完美，刀枪不入、百毒不侵，正如爱因斯坦用“放肆无礼”形容年轻的自己；三是为了对抗人群，个体渴求权力、威望和支配地位，恶意利用他人，易怒的牛顿无疑就是这样，或许达·芬奇也是。心理学家米哈里·契克森米哈（Mihaly Csikszentmihalyi）开展了一项关于创造力的研究，基于20世纪90年代对近百位创造者（其中12人是诺贝尔奖得主）进行的采访，他总结道：

> 让-保罗·萨特有一句格言："父亲能赠予儿子最好的礼物就是英年早逝。"尽管创造者成人后往往能从早年丧亲的阴影里走出来，但萨特的话仍有夸大的成分。气氛温馨、催人奋进的家庭案例实在太多了，所以我们不能断言苦难或矛盾才是释放创造渴望的必要条件。事实上，创造者度过的童年生活，不是无忧无虑、顺风顺水，就是极度困苦、荆棘满布，空缺的反而是绝大部分中间地带。

然而，其他调查则显示，逆境中成长的卓越创造者占绝大多数。1962年，心理学家戈泽尔夫妇（Victor and Mildred Goertzel）发表了一项名为"名人摇篮"（Cradles of Eminence）的研究，调查400位杰出历史人物后发现，来自破碎家庭、曾遭父母冷落的占到75%，有生理缺陷的超过四分之一。不久后，戈泽尔夫妇又调查了20世纪的300位杰出人物，发现家庭背景极差的比例更高，占85%，其中小说家和剧作家比例最高（89%），科学家比例最低（56%）。同样，相比诺贝尔科学奖获得者，家境贫寒、肢体残疾的文学奖获得者更多。R. 奥赫赛（R. Ochse）在研究天才的决定因素时写道："从数据出发，推测创造者的童年时期总是贫困、痛苦的，似乎并不过分。"

> 丧父丧母、遭遇冷落、家教严苛，亲人反目、饥寒交迫、备受凌虐，被过度保护、孤独寂寞、患得患失，丑陋、畸形、残疾，许多人面对的难关还不止一道。

心思细腻的小说家记载童年轶事时，免不了要添油加醋，但这些作品往往更加令人确信逆境成就天才。查尔斯·狄更斯的童年弥漫着愁云惨雾。约瑟夫·康拉德（Joseph Conrad）8岁丧母，12岁时丧父，父母皆死于肺结核，他回忆道：

> 如果我不是个爱读书的孩子，我不知道

> 会变成什么样。完成了作业，我没事可做，只能呆坐着望向病房，那可恶的寂静穿过紧闭的房门，冷冷地笼罩在我伤痕累累的心上。我想我会发疯的，以一种徒劳的、幼稚的方式。我常哭着入睡，睡得很沉。

安东·契诃夫的童年记忆令人痛心，虽然那对他的创作事业十分有利。他的父亲出生于农奴家庭，后来开了杂货店，生意惨淡。契诃夫写道：“独裁和谎言毁了我的童年，回想起来，我感到恶心和恐惧。”

> 我记得，我才5岁时父亲就开始管教我，说得难听点就是打我。他用鞭子抽我，扇我耳光，打我的头。每天早上一醒来，我问自己的第一个问题就是：“今天我会挨打吗？”父亲禁止我玩游戏，也不准嬉闹喧哗。

人们容易得出这样的观点：矛盾丛生的逆境也好，亲情满溢的顺境也好，总之天才是在极端的童年环境里培养出来的，超群的创造力必然出自异常饱满的情感。然而，只有一部分天才的家庭环境证实了这一结论，事实比想象的更加复杂。

一边是极端的逆境——达·芬奇在襁褓中就惨遭遗弃，父母几乎完全无视他的存在。父亲只为达·芬奇做过一件影响深远的事，就是把年轻的他介绍进了艺术家安德烈·德尔·韦罗基奥（Andrea del Verrocchio）的工作室。另一边是极端的顺境——莫扎特从出生到二十出头，每分每秒都享受着父亲、母亲和姐姐的百般呵护。他接受父亲全天候的指导与培养，天性从未受到压制，演奏水平不断提升。然而，米哈里·契克森米哈在研究中提到，爱因斯坦的直系亲属既没有无视他，也没有鼓励他，因此他度过了平凡的童年。少年爱因斯坦十分热爱数学和理论物理学，对此，父母和近亲并未恶意反对，也没有热情支持，支持他的只有家族之外的朋友。举例来说，爱因斯坦的父亲是商人兼工程师，他从未收到过爱因斯坦写的关于物理的信件。

仅将天才分为“顺境中成长”和“逆境中成长”两类不够严谨，顺与逆之间存在一种张力、一种矛盾，天才的创造力似乎就诞生于其间。

4. 画像：莫扎特一家，约翰·尼波姆克·德拉·克罗齐，1780—1781年。从左至右为：玛利亚·安娜·莫扎特（南妮尔）、沃尔夫冈·阿玛多伊斯·莫扎特、利奥波德·莫扎特；椭圆画像为莫扎特已故的母亲安娜·玛利亚

简单来讲，小达·芬奇的确无福享受父母的关爱与教导，正因如此，他比常人更加自由，能够独自探索芬奇镇和佛罗伦萨，在艺术和科学的世界里遨游。在父亲严密的监管下，莫扎特长大后成为优秀的音乐演奏师，但他确实难以自主自立；二十多岁时，他挣脱了父亲的管束，才真正圆了作曲家的

梦。爱因斯坦的家庭关系并不亲密，父母为他挑选的学校、父母认可的传统社会价值观他都不屑一顾，而正是这种叛逆精神赋予了他底气和自信，帮助他实现了物理界的革命性转变，从而颠覆了人类对光、空间和时间的理解。

支持是一种社会行为，从支持的角度重新审视家庭、友人和天才之间的关系时，新的问题出现了：激发非凡创造力的，是社交还是独处？历史学家爱德华·吉本（Edward Gibbon）在回忆录中写道：交谈充实心灵，但独处才是天才的学校——显然大多数天才都表示赞同。即使他人的建议对激发灵感再有用，最棒的主意也总是在独处时闪现。剑桥三一学院的教堂里，伫立着牛顿的塑像，威廉·华兹华斯（Willam Wordsworth）在《序曲》（*Prelude*）中歌颂道："大理石幻化成一个灵魂，永远孤独地航行在陌生的思想海洋。"托马斯·阿尔瓦·爱迪生虽深知发明必须考虑社会需求和适销性，仍这样说道："思考最好在独处时。"皮埃尔·居里年轻时，在日记（由玛丽·居里公布）中写道：

> 每当思绪之轮开始缓慢转动，我都会尝试加速，想变成一台回转仪或是一个陀螺，只要达到足够快的速度，不管周围发生什么事，我都能聚精会神地思考。但这时，最平凡琐碎的事物，包括一个词语、一个故事、一张报纸、一次拜访，都会打断我，推迟甚至无限期延长这一时刻的到来。

瓦格纳说：“孤立状态和彻底的孤独是我唯一的安慰，也是我的救赎。”拜伦指出：“社交对任何思想成果都是有害的。”塞缪尔·泰勒·柯勒律治的诗歌《忽必烈汗》（*Kubla Khan*）因梦而生，他责怪“一个从波尔洛克（Porlock）来出差的人”妨碍了他的创作。奈保尔（V. S. Naipaul）认为：“文章来自作者最隐秘的深处，连作者自己都不知道这深处在哪里。因此，创作充满魅力。”

天才成人后偏爱独处的例子很多，而奥赫赛的研究表明，他们童年时也是如此。他写道：“关于创造者的文献中，有另一个反复出现的主题——社交隔离与孤独。”

> 许多创造者曾被其他孩子孤立，原因有很多：家教严厉、身体欠佳、经常搬迁、天生内向，或没有兄弟姐妹。无论是因为什么，他们童年时总是独自活动。

以康拉德为例，他是独子，身为爱国者的父亲在他4岁时被放逐到气候恶劣的俄罗斯北部，他和母亲被迫离开了祖国波兰，随后他的父母接连去世。就算是非常热爱在公众面前表演的小莫扎特，也有独处的时候。父亲利奥波德记道：1765年，9岁的莫扎特随家人出游，姐姐南妮尔因发烧卧床不起，命悬一线，父母在一旁焦急地照看她，而小莫扎特却在隔壁房间弹奏音乐，自娱自乐。

因此，尽管许多机构（特别是商业企业）提倡集思广益，崇尚“头脑风暴”，天才却往往不爱团队合作。在任何群体中，天才都显得格格不入。无须多说，最伟大的诗歌、小说、画作、音乐，甚至是电影，几乎都是一个人的功劳，所以诺贝尔文学奖几乎都颁发给独立的个人。显然，这一点在科学界并不成立。科学从本质上来说是需要合作的，最近几十年尤其如是。科学界有许多著名的合作伙伴：玛丽·居里与丈夫皮埃尔·居里，威廉·布拉格与其子劳伦斯·布拉格——首先使用X射线分析晶体结构，弗朗西斯·克里克（Francis Crick）与詹姆斯·沃森（James Watson）——发现DNA的双螺旋结构，麦克尔·文屈斯与约翰·查德威克（John Chadwick）——破译米诺斯人使用的线性文字B。但是，大多数受人景仰的科学家都单独发表最重要的成果，如伽利略、牛顿、法拉第、达尔文、爱因斯坦等。

最后，考虑家庭和天才的关系时，也应当考虑伴侣和子女的角色。天才的配偶和子孙纵使出类拔萃、贡献颇多，在后世却总显得微不足道，甚至默默无闻地消失在历史长河中。百科全书和参考书仅用寥寥数语便能概括他们的生平事迹。达尔文传记的作者詹妮特·布朗（Janet Browne）写道："达尔文锲而不舍地追求完美，他忠诚的妻子爱玛·韦奇伍德（Emma Wedgwood）像一个耐心的幽灵，始终站在他身后。"她是《物种起源》等作品不可或缺的编辑，帮助丈夫梳理不通顺的语句，并与他探讨其中的观点；达尔文的儿子们也在科学界做出了卓越的贡献。天才的配偶和子孙也许注定籍籍无名，他们要是尝试在同一领域取得成就，就愈加不得志，比如爱因斯坦的第一任妻子米列娃・玛丽克（Mileva Maric）和莫扎特的同名次子。爱因斯坦的长子汉斯・阿尔伯特（Hans Albert）则有意避开理论物理学，成为一名液压工程师。无论甘愿与否，他们总是会被拿来和天才做比较。

然而，例外无处不在。玛丽・居里和弗吉尼亚・伍尔夫都因嫁给了创造力超群的杰出人物而备受激励。居里夫人公开承认，与皮埃尔・居里合力前行最大限度地激发了她的潜能，二人共同发现放射性元素镭，获得诺贝尔物理学奖。另外，居里夫人的长女与女婿也一起被授予诺贝尔化学奖。相比之下，作家兼记者莱纳德・伍尔夫（Leonard Woolf）对妻子弗吉尼亚・伍尔夫的影响更是至关重要。在她著名的日记中，我们得知莱纳德评论并编辑她的作品时，细致入微，真诚客观。1913年，二人结婚后仅一年，伍尔夫在创作第一本小说时尝试自杀，莱纳德挽救了她的生命。1941年，弗吉尼亚・伍尔夫投河自尽。在最后一封信中，她告诉莱纳德：

> 我想对你说，我这一辈子的幸福都是你给的，我来不及还。你对我那么有耐心，简直无微不至，好得令人难以置信。我想说的所有人都知道。如果有谁能拯救我，那只有你。一切都已离我而去，只有善良的你坚定地留在我身边，我不能继续浪费你的生命了。我想，我们是世界上最幸福的两个人。

因此，家庭教养和家庭环境对天才的成长既有积极影响，也有消极影响。温馨的顺境与残酷的逆境都能诞生天才。但是，除了各个年龄段的天才都偏爱独处以外，这些影响并不能一概而论。

| 第三章 |

天才教育

03

家族对天才的影响复杂难解，相比之下，正规教育与天才的关系则可以简单概括为四个字：水火不容。只需对斯里尼瓦瑟·拉马努金（Srinivasa Ramanujan）那异于常人的一生稍加回顾，便能有所了解。拉马努金是20世纪早期的印度数学家，如今，学界已公认他为留名青史的伟人。贝尔在《数学精英》中将他与莱昂哈德·欧拉（Leonhard Euler）、卡尔·雅可比（Carl Jacobi）相提并论。

拉马努金生于1887年，家道中落，空有婆罗门之名。他笃信印度教，成人后就职马德拉斯港务信托处，虽穷困潦倒，没有大学文凭，却自学数学，称灵感源于印度神那马吉里（Namagiri）。他说："一个等式对我来说没有意义，除非它代表了神的思想。"对于受过高等教育的印度数学家而言，拉马努金提出的定理一文不值。1913年，拉马努金在绝望中将部分未求证的定理寄给剑桥大学著名数学家、坚定的无神论者哈代（G. H. Hardy）。哈代发现，虽然这些公式的来源既陌生又可疑，却有着超凡的独创性，便把当时籍籍无名的拉马努金请来剑桥三一学院——即使拉马努金对此并不乐意——与他密切合作，不但在期刊上发表了许多联名论文，还昭告世人，拉马努金是一名数学天才。1918年，拉马努金成为三一学院、英国皇家学会第一位印度院士。但是，他无缘无故患上重病，于地铁站自杀未遂后，返回印度养病，在病榻上又写下许多重要的新定理。天妒英才，他年仅32岁便撒手人寰。

拉马努金死后，哈代叹道：

> 他的学问之渊博，认识之深刻，令人瞠目结舌……他关于数学证明的论述，令人百思不得其解。他所有的定理，无论新旧、对错，都是质疑、直觉、归纳交织的成果，对此他却完全无法给出任何清晰的解释。

作家罗伯特·卡尼格尔（Robert Kanigel）为拉马努金立传，名为《知者无涯》（*The Man Who Knew Infinity*），他写道："拉马努金的一生就像《圣经》，也像莎士比亚戏剧：事迹琳琅满目，意义却暧昧不清，如明镜一般映照着我们自己或我们的时代。"卡尼格尔举了四个生动的例子。第一，十几岁的拉马努金没有通过印度学校制定的考试——但是有些人察觉到了他的才华，引荐他去信托处供职，这才让他解决了温饱问题。第二，哈代从1913年的信中认识到拉马努金的天才之处——但是等他到了英国，哈代对他期望太高，步步紧逼，结果这可能加速了他的死亡。第三，要是拉马努金早年接受剑桥式数学教育，也许他能再上一层楼——但是也有可能产生相反的结果，也就是说这样的教育也许会扼杀他的独创性。最后，哈代作为一个无神论者，认为宗教与拉马努金的智力没有关系——但是至少有一点可以说得通，即印度教对无限的概念有着历史悠久的、神秘莫测的迷恋，这种迷恋对拉马努金的独创性至关重要。"拉马努金的一生，是壮志未酬的悲剧吗？还是说，在剑桥的五年，才是他人生的救赎？”卡尼格尔问道，“无论真相如何，两种猜想都拥有足够的论据。”

5. 数学天才斯里尼瓦瑟·拉马努金，1919年，摄于返回印度、英年早逝前

拉马努金的正规教育经历并不典型，但也不是无关紧要的特例，不能剔除不看。所有天才的教育经历都或多或少与他相同。有些天才也许享受校园时光，且从中受益，但大多数天才并非如此。有几位从没进过学堂，而是在家接受严格教育，如莫扎特和哲学家约翰·穆勒（John Stuart Mill）。许多天才没上过大学，或是在读大学时表现平平，拿到

博士学位的只有少数。虽然有些重要的创造性突破确实诞生于高等学府，科学界尤甚，但从整体上来看其实不然。马克·吐温一语中的："我从不会让学校妨碍我接受教育。"摄影家亨利·卡蒂埃–布列松（Henri Cartier-Bresson）也抱有相同的想法，他没有通过毕业考核，几十年后被授予荣誉博士学位时，他婉拒道："你们觉得我算什么教授？小拇指教授？"19世纪的医生、物理学家、埃及古物学家托马斯·杨曾在三所著名大学求学。博学多才、涉猎甚广的他这样说道："教师引导学生找到兴趣所在，督促学生勤奋学习，扮演着非常必要的角色。但是想成就伟业，必须依靠自学。"对此达尔文、爱因斯坦等许多天才都完全同意。

2000年到2002年，英国广播公司（简称BBC）主持人兼艺术管理人约翰·图萨（John Tusa）通过广播就艺术创作过程采访了13位业界人士，并将所有对话编辑成册，收录在《论创造》（*On Creativity*）一书中。他采访的对象虽不是天才，但在各自的领域中都是佼佼者。他们是：建筑师尼古拉斯·格雷姆肖（Nicholas Grimshaw），画家弗兰克·奥尔巴赫

（Frank Auerbach）、霍华德·霍奇金（Howard Hodgkin）、保拉·雷戈（Paula Rego），雕塑家安东尼·卡罗（Anthony Caro），摄影师伊芙·阿诺德（Eve Arnold），电影导演米洛斯·福尔曼（Milos Forman），作曲家哈里森·伯特威斯尔（Harrison Birtwhistle）、艾略特·卡特（Elliott Carter）、乔治·里盖蒂（Gyorgy Ligeti），作家托尼·哈里森（Tony Harrison）、缪丽尔·斯帕克（Muriel Spark），艺术批评家兼艺术馆长大卫·西尔维斯特（David Sylvester）。他们的教育背景相差极大，阿诺德、西尔维斯特等人只有普通水平，而卡特拿到了音乐博士学位，并留在学术界发展。图萨总结如下：他们在采访中谈到自己的职业生涯时，没有一个人指出获得创造力的必由之路是接受基础教育，更别提那一纸大学文凭了。

芝加哥大学心理学家米哈里·契克森米哈对近百位具有超凡创造力的人物进行了采访（见第二章），相较于BBC样本数量更大。契克森米哈与图萨选择的对象不同，他采访的不仅有艺术界的佼佼者，还有许多科学家。这些科学家大多在高等院校任职，其中还有诺贝尔奖得主。几乎没有任何一位采访对象将校园时光看作是灵感源泉。有人偶尔提起学校的课外活动，如作家罗伯逊·戴维斯（Robertson Davies）提起他曾赢得过文学奖，物理学家约翰·巴丁提起他曾在一次数学竞赛中获奖等。一些科学家还记起了鼓舞人心的老师，不过其他领域的人很少提到。总体上来说，大多数采访对象在校期间与老师的关系都很普通，契克森米哈对此感到非常惊讶。

契克森米哈在他的研究《创造力：心流与创新心理学》中写道："十分古怪的是，学校——甚至是高中——似乎对创造者的影响微乎其微。我们可以看到，通常情况下，学校要是真有什么作用，也是浇灭儿童在校外发现的兴趣和好奇心。"

爱因斯坦、毕加索、T. S. 艾略特等人的成就中，有多少可以归功于他们的母校呢？我们往正规教育体制中投入了无穷的精力、无数的资源，满载着希望，而现实却令人沮丧。

然而，有些人在完成义务教育之后，接受了高等教育和专业培训，他们的体验则不尽相同。部分具有超凡创造力的成功人士在毕业后没有接受进一步的正规教育，但近几十年来，随着高等教育在世界范围内的发展扩张，这种现象相比过去越来越少，对科学家来说尤其不可想象。图萨采访的13位20世纪创造者里（其中不包括科学家），有三位——阿诺德、斯帕克、西尔维斯特——没有接受过各自领域的院校培训，也没有接受过进一步的正规教育。只有三位——卡特、卡罗、哈里森——拥有大学文凭，其中卡特拿到了博士学位。奥尔巴赫、格雷姆肖、霍奇金、雷戈毕业于美术学院，伯特威斯尔、里盖蒂毕业于音乐学院，福尔曼毕业于电影学院。

在科学界，爱因斯坦争取物理学博士学位的传奇故事揭露了院校培训与创造力的关系。1900年夏天，爱因斯坦从苏黎世联邦理工学院毕业，但他在校期间出勤率不高，对几位教授颇有微词，因此没能当上物理学院的助教，经济状况不稳，职业前景堪忧。1901年，由于其他院校的教授也不愿招聘无名小卒，爱因斯坦就决定攻读博士学位，踏上学术道路。他向苏黎世大学提交了一篇论文，却遭到拒绝，令他灰心丧气。接着，1902年夏天，爱因斯坦被位于伯尔尼（Bern）的瑞士专利局雇用，总算找到了第一份全职工作。攻读博士的想法便暂时被搁置了。1903年早些时候，爱因斯坦告诉一位密友，他已经放弃了这个计划，“读博并不会对我有很大帮助，这出滑稽戏我已经看厌了”。1905年是爱因斯坦的奇迹之年，这年夏天，他完成了狭义相对论的理论构建，便再次将读博的计划提上日程，原因还和以前一样——离开专利局，进大学任职。

爱因斯坦把阐述狭义相对论的论文交给苏黎世大学，却再次遭拒。至少与他关系亲密的妹妹认定事实就是如此。她写道：相对论“似乎对做决策的教授来说有点怪”。虽然没有证据，但爱因斯坦选择相对论作为申请材料，苏黎世大学的教授对其价值表示怀疑，这两点似乎都是可能发生的。虽然狭义相对论显然是足够写成一篇论文的，但科研机构还未对这一理论进行过任何审查和发表（狭义相对论发表之后，仍争议不断，被诺贝尔物理学奖评选委员会拒绝多年）。

无论出于什么原因，爱因斯坦最后选择上交的成果，虽然也很重要，但不会引发太多争议。该文章于1905年4月完成，也就是在狭义相对论构建之前，论述如何确定液态物中分子的真实大小，以实验数据为基础，而非相对论那样属于纯理论研究。据爱因斯坦回忆，苏黎世大学的几位教授告诉他原稿太短了，这也许有玩笑的成分，所以他又加上了一些话。不久，他们就接受了这份更符合规范的论文。1905年7月末，爱因斯坦终于可以称自己为“爱因斯坦博士”了。后来才有人发现这篇论文中有一个微小但关键的错误，爱因斯坦在1906年的版本中予以更正，并在1910年运用新的实验数据再一次修正了该文。

当然，讲爱因斯坦的故事，是为了指出学术界的一种固有倾向，即忽视或拒绝那些不符合现行范式却极具独创性的成果。无论1905年的爱因斯坦是不是博士，他独特的创造力都已不言而喻，但在成为博士的路上，他的独创性似乎没有受到鼓励，反而被压制了。过多的培训和教育是否成了真正创造力的拦路虎？1984年，心理学家迪安·基斯·西蒙顿（Dean Keith Simonton）以300多位具有超凡创造力的个人为研究对象。这些人在1450年到1850年间出生，那时现代高等教育体制还未成形，他们可谓是爱因斯坦的老前辈。西蒙顿研究他们的受教育程度，发现贝多芬、伽利略、达·芬奇、莫扎特、伦勃朗等顶尖创造者的教育水平大约相当于现代体制下的本科二年级。教育水平更高（或更低）的人获得的创造性成就通常都不如他们。

我们应当审慎地对待西蒙顿的发现，因为对某些极具创造力的历史人物做教育水平评估，以及将不同社会、不同时期的教育水平进行对比，是极其困难的。然而，这一发现也不无道理，因为许多创造者在修读本科课程时就对学术工作失去了兴趣，而着眼于自己迷恋的事物。其中有一些人甚至辍学不读，跟着感觉走，虽然他们没有成为未来的科学家，但也成就了一番不俗的事业。如20世纪40年代，萨蒂亚吉特·雷伊从印度一所美术院校辍学，成了一名商业艺术家；20世纪70年代，比尔·盖茨从哈佛大学辍学，建立了微软公司。

如果真如西蒙顿所推断的那样，即博士学位并非获得超凡创造力的必要教育条件，那么他的发现可能也从一个方面解释了为什么战后博士数量骤增，而极具创造性的研究却仍保持先前的水平。20世纪的科学界，博士层面的高等教育发展壮大，崭新的研究专业以及相应的专门期刊大量涌现。科学社会学家J. 罗杰斯·霍林斯沃思（J. Rogers Hollingsworth）几十年来都在研究不同社会的创新情况。2008年他刊登在《自然》（*Nature*）杂志的文章写道："自1945年起，高度工业化的社会中，以美国为典例，从事研发的劳动者比例、国民生产总值（GNP）中研发比例只是有所增长，而科学论文和期刊数量的增长几乎是呈指数型的"，"相较而言，真正的创造性成果的比例却没有变。为实现重大科学突破而投入的种种努力不可估量，但得到的回报却在减少"。

然而这一现象有一个更合理的解释：当代社会与19世纪后期及以前的社会相比，科学事业的本质已经发生变化，因此同样是具有超凡创造力，当代科学家和当代艺术家所需的培训时长却是不同的。现在的艺术家不再像以前那样需要攻读博士学位，科学家却需要掌握更多更广的知识和技能，才能摸索到学科的边界，发现新的突破口。

相比艺术家，科学家还要成为更优秀的学生，在校须表现良好，在大学考试中须拿到优异的成绩。

西蒙顿写道："科学家和艺术家的学术表现存在明显的差异，这似乎反映出两个领域存在不同的约束条件，在考察科学和艺术的创造过程时，必须将这一点纳入考虑范围。"这种现象下的体制是否保住了那些只求学术成果数量的科学家，而容不下潜在的达尔文和爱因斯坦？——对这个问题，人们争论不休，却至今未找出令人满意的答案。但大家公认的是，20世纪下半叶以来，高等教育规模大增，实力不容小觑，而具有超凡创造力的科学家倒是没有培养出几位。

1952年，麦克尔·文屈斯破译了米诺斯线性文字B，这是一项横跨艺术与科学两界的重要突破，被称为"希腊考古学的珠穆朗玛峰"。上文探讨的许多观点都能在文屈斯的成就中得到体现。文屈斯出人意料地发现，由线性文字B组成的语言是迈锡尼文明时期的希腊语。就像拉马努金的数学定理那样，创造性成就需要的不是学士学位或博士学位，而是自我训练和超凡创造力，二者缺一不可。

6. 麦克尔·文屈斯，1952年。他是一名专业建筑师，闲暇之余破译了欧洲最早的可读文字——米诺恩线性文字B

亚瑟·伊文思（Arthur Evans）于1900年在克诺索斯王宫废墟内发现米诺斯文明时期的泥版文字后，20世纪上半叶，有数十位学者自告奋勇，试图破译这种文字，其中的五位关键人物是：小埃米特·贝内特（Emmett Bennett Jr.）、爱丽丝·科贝尔（Alice Kober）、约翰·迈尔斯（John Myres）、约翰·查德威克、文屈斯。贝内特是一位铭文研究者，担任过战时密码员，20世纪40年代后期，在辛辛那提大学考古学家卡尔·布莱根（Carl Blegen）的指导下，发表了关于线性文字B的博士论文，不久后进入耶鲁大学。科贝尔是一位古希腊文学研究者，拥有哥伦比亚大学希腊文学专业博士学位，20世纪30年代中期对线性文字B产生了浓厚的兴趣。年事已高的迈尔斯是牛津大学的古代史教授，1939年退休，是学界公认的古希腊研究权威，此外，在友人伊文思1941年去世后，迈尔斯担起了看管、审校线性文字B泥版的责任。查德威克于剑桥大学古典文学专业本科毕业，没有攻读博士，“二战”时也曾任密码员，战后参与编纂《牛津拉丁语词典》（*Oxford Latin Dictionary*），1952年，他成为剑桥大学的古典文学讲师，同年开始与文屈斯合作。与其他四位不同，文屈斯的教育水平一般，没上过大学，也没有受过古典文学的专业培训，但自14岁起，他已爱上了线性文字B的破译工作。20世纪40年代，文屈斯在伦敦的建筑联盟学院接受培训，其间，因战时服役耽搁了一阵，后来成为建筑师。

贝内特、科贝尔、迈尔斯、查德威克都比文屈斯年长，在古希腊研究方面的学问都比他高，集中精力破解线性文字B之谜的机会也比他多。但是他们都失败了，只有文屈斯一人成功，这是为什么？

原因很多，我在《破译线性文字B的人》（*The Man Who Deciphered Linear B*）中对文屈斯的成功进行了分析。最重要的是如下几点：一是文屈斯对古典文学、现代语言、建筑学三个领域了如指掌；二是他身为建筑师，在研究线性文字B时，不会像专业学者那样囿于正统学术思维的怪圈。伊文思的影响力极大，而当他的理论被推翻时，迈尔斯就束手无策了。科贝尔虽逻辑清晰，但出于性格原因，不愿大胆猜测。1984年，科贝尔写道："当我们掌握一些事实后，某些结论就几乎是无法避免的。但遗憾的是，我们还没有掌握这些事实，因此不可能得出任何结论。"贝内特虽绝顶聪明，但同样背负着学术的镣铐，他向文屈斯承认，自己在对外描述破译工作时用的是"一套小心谨慎、模棱两可的漂亮话"。从某种程度上来说，文屈斯之所以成功，是因为他没有古典文学专业的任何学位。他在这方面接受了足够的培训，但没有多到阻碍他的好奇心和独创性。他的合作伙伴查德威克在《线性文字B的破译》（*The Decipherment of Linear B*）一书中这样赞扬他：

在建筑师眼中，一栋建筑不是只有外观和一堆装饰上、结构上的特征，他能看见建筑表面之下的东西，辨认出这栋建筑最重要的部分。因此即使从表面上看，这些神秘多变的记号、式样和规律让其他人摸不着头脑，但文屈斯仍然能从中找出潜在的结构。这一品质，即这种从表面的混乱中看见秩序的力量，正是所有伟人所具备的特质。

除此之外，文屈斯对校园时光的态度与大多数天才一样。他成绩中上，但不拔尖，事实上，他还没完成学业就离开了学校。课堂没有给文屈斯多少灵感，但他确实挺喜欢教他古典文学的老师。学校组织参观伦敦市举办的米诺斯文明展时，那位老师偶然间向他介绍了线性文字B的基本情况。他对集体运动等组团活动不感兴趣，更喜欢一个人待着。

正规教育能够逐步培养这种超凡的创造力吗？从过去的天才来看，答案是否定的。心理学家汉斯·艾森克（Hans Eysenck）退休后，在他的研究《天才：创造力博物学》（*Genius: The Natural History of Creativity*）中，对学术体制开了最后一枪：

> 对于创造力，我们唯一能够效劳的，

> 就是移除所有障碍，让它不受任何阻挠地蓬勃发展，无论在何时何地都要好好珍惜它。我们也许不能培育创造力，但是我们可以保护它，防止规则、条例和眼红的平庸之辈把它压迫致死。

不幸的是，为培养精英、鼓励创新，教育机构和国家政府做出的保证、付出的努力不计其数，却没能做到把这一教训牢记于心，也就没能落实到各级学校。

| 第四章 |

智力与创造力

04

院校培训总是与超凡创造力、天才失之交臂，根本原因在于各级学校忽视了动机、性格等种种因素的重要性，注重培养的只有一个方面，那就是智力。智力测试经历了近百年的发展，而智力究竟包括了哪些要素，仍未有共识，但无论如何，它与创造力也不是一回事。心智技能（语言表达、数学运算、逻辑推理等）和艺术创造力必定不是互相排斥的，但两者也不一定相伴而行。事实上，正如心理学家罗伯特·斯腾伯格（Robert Sternberg）在《创造力手册》（*Handbook of Creativity*）中所说，不同的研究人员根据现有证据提出不同观点，以说明智力和创造力之间可能发生的关系，分别是以下5种：创造力是智力的子集；智力是创造力的子集；创造力和智力部分相交；创造力和智力内部元素相等（也就是说，是同一种事物）；创造力和智力完全不相交（彼此毫无关联）。

过去和当下的天才都有一段默默无闻的少年时期，如果能获知他们那时的智商，采集大量样本，那一定十分有趣。尖子生玛丽·居里相比差生达尔文，智商会高出很多吗？那么相比充满好奇心的爱因斯坦呢？达·芬奇没上过学，却博学多才，莫扎特天资聪颖，而术业有专攻，他们的智商是高是低？弗吉尼亚·伍尔夫表达能力一流，却没有科学头脑，她的智商又会是多少？当然，这些人的智商数据是无从考证的，因为智商测试在20世纪头10年才逐渐兴起，但一些心理学家仍对他们的智商做出了估计。

受弗朗西斯·高尔顿的《遗传的天才》启发，刘易斯·特曼（Lewis Terman）于1917年尝试计算高尔顿本人的智商。1911年，高尔顿去世，享年89岁，卡尔·皮尔森（Karl Pearson）为他撰写了四卷传记，第一卷于1914年出版，其中囊括了高尔顿的童年、青年，到高尔顿1853年结婚为止，因此特曼掌握了足够的信息。

小高尔顿于1827年2月15日，也就是在他5岁生日的前一天，给他年约17岁的姐姐阿黛尔写了一封信——阿黛尔教他认字识数，孜孜不倦。这封信让特曼大吃一惊。

亲爱的阿黛尔：

我现在四岁，我能读任何一本英语书。除了52行拉丁语诗歌之外，我还可以说出所有的拉丁语名词、形容词和主动语态动词。我能做任何数字的加法，能算出任何数字与2、3、4、5、6、7、8、（9）、10、（11）相乘的积数。我还会把便士换算成先令或镑。我能看懂一点法语，我还会认时间。

弗朗西斯·高尔顿

1827年2月15日

“唯一的拼写错误是日期（他错把2月‘February’拼成了‘Febuary’）。”特曼写道，“9和11被打了括号，因为一个用小刀划去了，一个用纸片贴掉了，小高尔顿显然是觉得自己应该谦虚一点！”

皮尔森的传记中还包括如下相关信息。小高尔顿在12个月大的时候学会了大写字母，6个月后学会了整张字母表；2岁半就能读一本名叫《捉苍蝇的蜘蛛网》（*Cobwebs to Catch Flies*）的童书；3岁前就会签自己的名字。据高尔顿母亲回忆，他4岁时就能正确拼写，无须大人帮助，他还给一位叔叔写了一封简短的信（皮尔森将其重制）。他的阅读绝不是死板僵化的，这一点在他5岁时就展现出来：一个同学的父亲因卷入了某场政治风波，很有可能被处决。同学问小高尔顿，在寄给母亲的信中该写点什么。小高尔顿立刻以沃尔特·司各特爵士（Sir Walter Scott）的诗作为答复——如果我是个大男人，就该为父亲报仇。6岁时，他对荷马史诗《伊利亚特》（*Iliad*）和《奥德赛》（*Odyssey*）了如指掌，把阅读莎士比亚剧作当成消遣，一页书读两遍就能复述出来。7岁时，他收集昆虫、贝壳、矿石，然后进行分类研究，这种研究可不是小孩子过家家，反倒更像他成人之后从事的工作。13岁时，他画了几幅图，并将其称作“弗朗西斯·高尔顿的空气静力学项目”，那是他创作的载客飞行器，拥有上下扇动的巨大机翼，依靠某种蒸汽引擎驱动。

普通人6岁识字读书，而3岁就能做到的人智商高达200，也就是相当于6除以3再乘以100（智商的定义中将100作为平均值或基准）。普通人在12~13岁学会分类和分析，高尔顿7岁就能对昆虫和矿石进行分类、分析，因此可以估计他那时的智商在180左右。将高尔顿所有早熟行为出现的年龄段与普通人的心理年龄相比后，特曼"相当肯定"自己能估算出高尔顿智商的最小值，为皮尔森传记中的事迹提供解释："毫无疑问，他的智商在200左右，5万个普通的孩子中不会超过1个人有这么高的智商。"

1921年，特曼在斯坦福大学发起了对天才儿童的研究，这一项研究历时长久、十分著名。他在指导博士学生凯瑟琳·考克斯（Catharine Cox）时，将最初针对历史上天才的研究与1921年的研究合并起来。1926年，考克斯出版了共850页的《300位天才的早期心理特征》（*The Early Mental Traits of Three Hundred Geniuses*），其中不仅包括科学界、艺术界人物，还有来自哲学、政治、军事等各领域的佼佼者，他们都具有超常的智力水平。

20世纪90年代，心理学家迪安·基斯·西蒙顿、凯斯琳·泰勒（Kathleen Taylor）、文森特·卡桑德罗（Vincent Cassandro）将考克斯的研究称作是“一次经典的历史测量调查”，汉斯·艾森克赞颂它为“学界内唯一像样的研究”，“是一部经典之作，被引用次数可能比任何一本关于天才的书都要多”。然而，在心理学领域之外，有学者提出了批评，例如斯蒂芬·杰·古尔德（Stephen Jay Gould）在关于智力测试的研究《人类的误测》（*The Mismeasure of Man*）中，将考克斯的书戏称为“混在一堆荒诞不堪的文献中的幼稚的好奇心”。

相比特曼针对高尔顿一人的研究，考克斯和她的同事面临着更多的障碍。考克斯选中的大多数人没有高尔顿那么完整的生平记录。她无法得知莎士比亚的事迹，不得不将他排除在外。她还有意排除仍在世的个人，所以研究中没有居里夫人、爱因斯坦、萧伯纳、叶芝等人。此外，考克斯没有选择那些在1450年之前诞生的人，以及所有的贵族，还有那些所获成就存在争议的人。以上提到的都可以理解，但是省略以下人物却很可疑：科学家让-弗朗索瓦·商博良

（Jean-François Champollion）、卡尔·高斯、罗伯特·胡克、弗里德利希·A. 凯库勒（Friedrich A. Kekulé）、查尔斯·莱尔（Charles Lyell）、詹姆斯·克拉克·麦克斯韦（James Clerk Maxwell）、德米特里·门捷列夫（Dimitri Mendeleev）、路易斯·巴斯德（Louis Pasteur）、克里斯托弗·雷恩；艺术家乔凡尼·洛伦佐·贝尼尼（Gian Lorenzo Bernini）、约翰内斯·勃拉姆斯、保罗·塞尚、安东·契诃夫、弗朗西斯科·戈雅、弗朗茨·舒伯特、珀西·比希·雪莱、列夫·托尔斯泰、奥斯卡·王尔德。

剩下的近300名研究对象分成以下几组：39位科学家（包括牛顿），13位视觉艺术家（包括达·芬奇），11位作曲家（包括莫扎特），22位哲学家（包括康德），95位文人（包括拜伦），27位军人（包括克伦威尔），43位政治家（包括林肯），9位革命政治家（包括罗伯斯比尔），23位宗教领袖（包括马丁·路德）。

考克斯通过梳理传记和其他文献资料，打印出6000页档案。她和同事用这些材料作为智力和人格特征的评分标准，并在不同组别之间做对比。每个人都有两个智力分数：从出生到17岁的智商为A1，从17岁到26岁的智商为A2。判定研究对象的A1智商，基于他对说话、阅读、写作等一般任务的掌握情况、在校表现和特殊童年成就（所谓特殊童年成就，要与高尔顿传记中的事迹相近）。A2智商的评判以学术记录和早期职业生涯为依据。人格侧写主要由67个特点的评分组成，7分为满分。

包括特曼在内的五名研究者通过独立阅读档案材料，给每个人打分，得出最终的智商评分。但是考克斯对比五份分数时发现，只有三名研究者给出的分数大体相同，相比而言，其他两人的给分不是太高，就是太低。考克斯表示极端的高分和低分会互相抵消，便决定完全依靠三份分数，将其他两人的给分忽略不计，而这一决定是充满争议的。她整合出每组人的平均智商，其中军人最低（A1智商：115，A2智商：125），哲学家最高（147/156），视觉艺术家（122/135）和科学家（135/152）排在中间。以此为基础，除了军人外，所有人都被评为“有天赋的”（A2智商高于130）。达尔文的智商为135/140，达·芬奇为135/150，米开朗琪罗为145/160，莫扎特为150/155，牛顿为130/170，最高的分数给了约翰·穆勒，为190/170。

当下，就算是最支持这项研究的人也会强调，不该将焦点放在个人智商和群体平均值上。“毫无疑问，考克斯和她的团队谨慎、认真地完成了研究，这项研究对学习该科目的每一位学生都至关重要，”艾森克写道，“但是不该把实际数字看得太重，必须要抵制这一诱惑。”他中立地评价道：“掌握的数据越多，评估出的智商也就越高。”这就是每一组、每个人的A2智商都比A1智商高的原因。牛顿的A2智商比A1智商高出整整40分，那是因为他的童年鲜为人知。这是无法避免的，我们能掌握关于天才生活的信息中，后期的总是比早期的多。

法拉第的A1智商被评为105（两人给了110分，一人给了100分），因为他出身贫寒，受过的正规教育有限，只有零星的传闻说他跑腿时“不耍滑头”，是个“会提好问题”的男孩。但是法拉第成人后，A2智商却激增到150，仅仅因为他21岁时被汉弗里·戴维聘入英国皇家研究院后，留下了更多记录在案的信息。考克斯公开承认，法拉第及其他许多人的数据有缺陷——如拿破仑·波拿巴的大将军让-安德烈·马塞纳（Jean-André Masséna），他的A1智商只有100，而拿破仑有135——但是承认这一点并不代表她的评分可信度就能提高。人们一定会认为，考克斯将莎士比亚排除在研究之外，主要是因为这种评估方法会逼迫她给这位大诗人一个低于平均的分数（小于100）。

在考克斯的评估方法中，这一根本的缺陷是无法弥补的。她自己也心知肚明："也许所有的智商评分都太低了……每一组人的真实智商……会比本次研究中的评分高出很多，因为作为评分标准的数据并不可靠，这种不可靠性使智商评分低于实际值。"考克斯考虑到某些研究对象的信息不完整，便尝试"更正"三名同事的给分，上调了整体分值。经过更正，A1智商总体平均值从135上升到152，A2智商总体平均值从145上升到166。但是对此她无法提供令人信服的理由，这些调高的分数就像加上了"经验系数"的结果：把高智商和超凡创造力硬扯在一起，不是通过科学的论证，而是运用了有些绝望的策略。

事实上，由于流传至今的信息不足，人们一直把历史上的天才与高智商捆绑起来。现在看来，1986年的《美国心理学杂志》（*American Journal of Psychology*）对考克斯研究的评价绝对是不准确的：“其最终结果清晰地展示了，无论还有什么其他影响因素，在政治、文学、哲学、艺术、科学领域获得成就的人总是高智商的，虽然在军事领域并非如此。”如果以论证的目的，我们将“高智商”定义为智商高于135（特曼选择的门槛），那么考克斯的研究就表明，17岁以前，智商在135以下的人数与135以上的人数大体相同，因为A1智商平均值（未经更正）是135。即使以上结论假设：（1）考克斯的智商评分是可靠的；（2）她选择的研究对象是有理有据的，这两点假设也没有正当依据。

更加准确的说法是，考克斯收集了规模可观的数据，经过分析得出最终结论，即除了军人之外，几乎所有的天才的智商都远高于平均值（100），但是智商远高于平均值并不是成为天才的必然保证。虽然这个结论并不是特别令人惊喜，但它确实揭穿了人们对天才最常见的误判：天才嘛，智力一定极度发达。毕竟，众所周知，美国物理学家理查德·费曼（Richard Feynman）是20世纪后期具有代表性的科学天才，他的名气响遍全球物理界。然而，费曼在校期间测出的智商只有125，并不是特别高（比考克斯的A1智商平均值135低10）。相比之下，特曼认为，他最敬爱的心理学家高尔顿有着令人惊讶的高智商（200）。不过，无论是考克斯、特曼、高尔顿的同代人，还是高尔顿最近的传记作家尼古拉斯·吉勒姆（Nicholas Gillham），都不认为高尔顿是天才。

7. 理查德·费曼在讲课，1965年。虽然费曼是众所周知的物理学天才，但是他的智商水平一般

如果说在智力测试中拿高分，并不意味着必定能成为天才，那么用创造力测试的高分来预测一个人是否具有超凡创造力，就更加不可靠了。20世纪50年代，特别是在美国，心理学家设计出许多创造力测试，目的是检验发散性思维和横向思维，与智力测试检验的收敛性思维和逻辑思维相对立。在收敛性思维测试中，人们通常认为解题需要通过逻辑推理，得出唯一正确的答案，而在发散性思维测试中，一道题目总是有很多“正确”答案。收敛性思维测试会提出一个问题，要求受试者得出同一个答案，比如在一组多项选择中选出正确的词语、数字或图片，而发散性思维测试则可能提出如下要求：说出一枚回形针有哪些用处，越多越好；为一个故事取一系列标题；一根抽象的线条能解读为哪些数字；等等。换句话说，创造力测试意在发掘受试者的原创性和想象力，当然，什么是原创性和想象力，得由出题人决定。如果一位受试者面对每道题都能够给出一系列发散性回答，而且这些回答中有一部分与其他受试者的回答显然不同，那么在这项测试中他就会被评为“有创造力的”。但是，答案又不能太与众不同，不然会被视为不符合题目要求。

创造力测试的对象一般是学院和大学里的学生志愿者，经过三四十年的测试，研究者得出了以下几点值得注意的结论。测试是可靠的，这是个好消息。也就是说，如果有人把同一种发散性思维测试做了两遍，通常会得到相似的成绩；而且在不同种类的发散性思维测试中，同一个人的成绩水平也非常相似。这一点在收敛性思维测试中也成立。然而，令设计创造力测试的学者沮丧的是，收敛性思维和发散性思维的测试结果相关性不大。1963年，加利福尼亚大学伯克利分校人格评估研究所研究员弗兰克·巴伦（Frank Barron）写道：

> 于整个范围而言，智力和创造力呈正相关，但相关性不高，系数在0.4左右；智商在约120以上时，智力对创造力起到的作用是微不足道的，我们本次研究的重点——动机变量和风格变量——是创造力的主要决定因素。

最糟的是，发散性思维测试的分数与现实生活中的创造力毫无相关性可言。与之形成鲜明对比的是收敛性智力测试，长期的分数记录不仅能预测受试者在校的学业成就，还能预测受试者在学术界、政府、警察局和军队等专业领域的职业生涯。

巴伦的结论中暗示着智商存在一个“能力门槛”，一旦跨过它，能力就与创造力无关了，许多心理学家对此并不赞同。其中包括大卫·鲁宾斯基（David Lubinski）和卡米拉·本伯（Camilla Benbow），他们是“数学能力早熟青年研究”（SMPY）的共同负责人。该项目创始于1971年，计划在50年内观察由5000多名“智力高超的个人”组成的5个群体，仅仅是筛选这些青年就花费了超过25年的时间（1972—1997）。从研究对象的职业生涯来看，他们12岁时的标准化智力测试成绩与后来获得的博士学位、高收入、专利、美国一流大学的终身教授职位等个人成就有着很强的相关性。鲁宾斯基和本伯在2006年指出：“一场两个小时的测试能在一群12岁的孩子中找出未来的最高学历获得者（博士），其概率是基础概率的50倍，这是很了不起的。”他们总结道："无可否认，除了能力水平以外，其他因素是同样重要的，然而，当其他因素相同时，能力越强越好。"特曼早期对于天才儿童的长期研究也证明了这一点。

然而在上述研究中，随着智力的升高而增加的是个人成就，而不是超凡创造力或天才头脑。各种奖学金、受人敬仰的学术职位、专利、奖项——可能除了诺贝尔奖和一些其他极负盛名的国际奖项之外——都不是评估超凡创造力的恰当标准。"数学能力早熟青年研究"中的对象相对还年轻，但是从研究发表的结论来看，他们未来获得伟大成就的迹象并不明显。特曼超过半个世纪的研究也没有提供令人乐观的证据。获普利策奖的记者乔尔·舒尔金（Joel Shurkin）在他的研究《特曼的孩子》（*Terman's Kids*）中阐明，特曼所选的那些有天赋的学生虽然都名利双收，但没有一个人在任何领域称得上是"天才"。举例来说，没有一个人得过普利策奖或诺贝尔奖。此外，特曼以最初的智商测试为凭据，拒绝了两次参加测试的威廉·肖克利（William Shockly），他是诺贝尔奖得主、晶体管发明者之一，还拒绝了诺贝尔物理学奖得主路易斯·阿尔瓦雷茨（Luis Alvarez）。

但是，把智力和创造力、天才联结起来的主要问题出在理论层面上，而非实验层面上。心理学家也许可以评估智力，但从高尔顿那时起，他们就连大致的概念定义都无法达成共识。

回到1921年，特曼刚发起天才儿童的研究时，考克斯刚开始研究历史上的天才，智商测试将要席卷美国的学校，那时《教育心理学杂志》（*Journal of Educational Psychology*）发表了一篇名为《智力与智力评估》（*Intelligence and Its Measurement*）的研讨会报告，这一研讨会邀请了14名专家来定义智力。其中5名专家的回答没有直接讲明观点。在剩下的9人中，特曼脱颖而出，称智力是“进行抽象思维的能力”。偏偏是如此热衷于把智力和天才联系起来的特曼，反而给出了一个相对狭窄的定义。另一位心理学家指出智力是“对已知与未知知识的理解能力”。其他7人的回答相差无几，包括从经验中学习的能力、适应环境的能力等。但是没有人提到智力与创造力的联系。除了特曼主张的抽象思维之外，所有专家都坚信智力是对外界产生反应的能力，而不是主动创造的能力。

近一个世纪过去了，关于智力的看法仍多种多样。1987年，斯腾伯格称：“评估智力的测试不计其数，但没人明确知道智力是什么，甚至没人知道测试到底在测些什么。”知名研究者詹姆斯·弗林（James Flynn）也承认这一点，但在2007年出版的《智力是什么？》（*What is Intelligence?*）一书中，他却避重就轻，没有阐明其复杂性。弗林把关于智力本质的辩论与物理界关于光的本质的辩论相对比，后者因量子理论和波粒二象性的出现而告一段落。他写道：

> 人们浪费了许多时间，后来才发现，在一些特定的表现形式下，光是波动的，而在另一些表现形式下，光又具有粒子性。我们必须明白，在某个层面上，智力是一系列互相高度联结的能力，而在一些另外的层面上，智力又是一系列功能上各自独立的能力。

这些层面包括大脑的神经簇、个体表现差异，以及社会因素。这听起来充满希望，但弗林又添了一句，虽然没有太大的帮助，但是至少是诚实的："把这三个层面的知识整合到一个理论中，还有很长的路要走。"

不过弗林的研究确实提供了一些思路，它虽然没有直接告诉我们超凡创造力是什么，却为棘手的智商概念找到了新线索，揭示出智商问题困扰考克斯的原因，还解释了为什么费曼在1930年左右测出的智商比我们预想的低这么多。

在20世纪80年代中期，弗林发现了一个令人惊讶的事实，颠覆了人们对智商平均值的认知，他的发现很快被广泛接受，后来的心理学家称其为"弗林效应"。战后几十年，智商平均值稳步上升，这一现象不仅发生在一两个国家内，而是遍及所有能获取足够智商数据的发达国家，包括美国、英国、比利时、荷兰、挪威、以色列、阿根廷。20世纪下半叶，在两代人的见证下，美国和欧洲的智商平均值至少增长了20个点。其他数据（可信度并不高）显示，这种增长从1900年开始，如果按照当下的标准，1900年的智商平均值在50~70，也就是说那时的人基本属于弱智。

还需补充的是，智商测试有许多不同的组成部分，最终结果是所有部分的平均值，但事实是不同组成部分的结果增长情况不一，也就是说各种能力发生的变化也不尽相同。基本上，不用细说，大家都明白，年轻人在概念比较、概念分类的能力评估测试中得分越来越高，不管题目出的是词语还是图片，但是他们在词汇、常识、运算能力方面几乎没有任何进步。1947年至2002年间，美国人在比较与分类能力测试上提高了24分，词汇测试提高了4分，而常识与运算测试只提高了2分。

此类增长现象完全是出人意料的，因为智商测试出题人每隔一段时间就要对一个同年龄群体进行测试，以此为依据及时更新题库，这样做是为了使不同代际的智商平均值保持大体平稳。没有这种标准化命题，一些受试者就会收到过时的考卷，他们就不再与同代人，而是与前一代人做比较。对于这种令人困惑的增长，弗林称其“不是因为今天的孩子比他们的父母聪明很多，就是因为在某些状况下，智商测试不能正确地评估智力”。

弗林的发现诱发了许多讨论，但迄今为止，智商平均值上升的原因仍无定论。显然，20世纪里，有越来越多的孩子从中学毕业、接受高等教育，这和智商一定有着某种联系。另外，每一代年轻人都会学习新技能，比如使用电脑，对上一代人形成挑战。同样毫无疑问的是，普通人能获取到的信息一天比一天多，这也许会对组成部分智力的能力产生影响。神经科学家托克尔·克林贝里（Torkel Klingberg）在《超负荷的大脑》（*The Overflowing Brain*）中推测道：“全面理解弗林效应的关键，在于通过训练增强工作记忆的能力。”弗林自己则认为智商水平上升是常戴“科学眼镜”的结果，“科学眼镜”让我们轻松地进行概念比较与分类。

20世纪，人们运用智力解决了新的认知问题。正规教育是其直接原因，但是要找出其他原因，必须先理解工业革命的全部影响。

我们可以从另一个角度解释弗林的观点。费曼1930年在校测得的智商是125，但如果他按今天的标准来测，应该有150~155。至于考克斯研究中的天才，如生活在20世纪之前的达·芬奇和法拉第，他们的“化石级”智商理应得到更正，而不应只是因为考克斯缺乏他们早年的信息便被低估。2010年，英国皇家学会会长马丁·里斯（Martin Rees）说：“我们与亚里士多德一样愚蠢。”是技术进步使我们感觉自己比祖先更智慧。超常智力和超凡创造力的关系到底是什么？辩论仍在继续。

| 第五章 |

天才与疯癫

05

天才与超常智力之间的关系尚不能确定，而天才与心理疾病的纠葛更是充满悖论，有时一目了然，有时暧昧不清。患有心理疾病的天才中，文森特·凡·高可能是最有名的一个。他在重度抑郁症的长期折磨下，于1888年亲手割下自己一只耳朵，而后住进精神病院，1890年，他开枪自杀，年仅37岁。事实上，正是在生命中的最后两年里，凡·高的创作力量达到顶峰，孕育出了最伟大的作品。凡·高生前，他的画作几乎无人问津。随着时间的推移，人们才逐步认识到这些画作极高的艺术价值，如今它们已是世界艺坛的瑰宝了。凡·高的疯病会周期性发作，这一点他的家人、同行和他自己都没有质疑过。但是同样无可否认的还有凡·高的理智，他笔下内容详细、逻辑清晰的大量信件就是证据。这些信有的寄给帮他卖画的弟弟提奥，有的寄给同行艺术家埃米尔·伯纳德（Émile Bernard）、保罗·高更（Paul Gauguin）。“大量的信件和画作展现出凡·高内心强大的凝聚力，”阿姆斯特丹凡·高博物馆的三名研究者于2010年写道，“仅仅将其视作病态的产物是错误的。恰恰相反，这些信件和画作就是文化遗产，属于一位真正伟大的智者：真实的凡·高。”尽管经过了几十年的法医鉴定，人们还是无法清楚地解释心理疾病和超凡创造力在凡·高身上共存的原因，而这种令人着迷的共存不断激发着当代人的想象力。

8.《割掉耳朵后的自画像》，文森特·凡·高，1889年

心理疾病和超凡创造力之间的联系可谓历史悠久，一言难尽。古希腊时期，亚里士多德问："为什么所有在哲学、诗歌、艺术领域出类拔萃的人都是忧郁的？"〔一说问这个问题的人是他的学生提奥夫拉斯图斯（Theophrastus）。〕他以荷马史诗、索福克勒斯戏剧和希腊神话中的英雄为例，其中包括埃阿斯（Ajax）、柏勒洛丰（Bellerophon）；以历史上的哲学家为例，包括恩培多克勒（Empedocles）、柏拉图和苏格拉底。传说，恩培多克勒为了化身为神，跳进埃特纳火山口身亡。

亚里士多德的观点影响了文艺复兴时期的思想家。诺尔·布兰（Noel Brann）在《意大利文艺复兴时期关于天才起源的辩论》（*The Debate over the Origin of Genius during the Italian Renaissance*）中写道：15世纪时，佛罗伦萨新柏拉图主义哲学家马尔西利奥·费奇诺（Marsilio Ficino）认为忧郁"可以说是肉身付出的代价，因为灵魂费尽周折，'英雄般'地穿过理性无法弥合的鸿沟，从有限、短暂的自然出发，到那无限、永恒的超自然中去"。莎士比亚的直觉也与此相似。《仲夏夜之梦》

（*A Midsummer Night's Dream*）中，国王忒修斯说：“疯子、情人和诗人，都是幻想的产儿：疯子眼中所见的鬼，多过于广大的地狱所能容纳；情人，同样是那么疯狂，能从埃及人的黑脸上看见海伦的美貌；诗人的眼睛在神奇的狂放的一转中，便能从天上看到地下，从地下看到天上……强烈的想象往往具有这种本领……”[1]

19世纪的浪漫主义运动中，拜伦、舒曼二人都有自毁倾向。他们的生平和作品十分具有代表性，显示出心理疾病和天才之间存在某种联系，后来，凡·高的事迹增强了这种联系。20世纪，美国三位艺术界领袖——厄内斯特·海明威、西尔维娅·普拉斯（Sylvia Plath）、杰克逊·波洛克（Jackson Pollock）——因抑郁症自杀，英国的弗吉尼亚·伍尔夫也是如此。

罹患心理疾病的科学家相对较少。然而，20世纪90年代，精神科医生费利克斯·波斯特（Felix Post）以291位具有超凡创造力的个人为对象，基于他们的传记开展调查，得出以下结论：依据现代诊断标准，

---

1 本句采用了朱生豪先生的译法。——译者注

爱因斯坦和法拉第患有“轻度”精神障碍，达尔文和巴斯德患有“中度”精神障碍，玻尔和高尔顿患有“重度”精神障碍，其他一些知名科学家也榜上有名。以达尔文为例，他忍受怪病几十年，也许是对自然选择理论的公众接受程度感到焦虑导致的。

有关天才的坊间传闻极具戏剧性，可能会歪曲心理疾病和创造力的关系。逸事趣闻能够轻而易举地给人们留下这样的印象：心理状况不稳定是超凡创造力的必要条件。此类印象之所以会存在，大概是因为资质平庸之人不愿直面天才的成就，便拿心理疾病为借口敷衍了事。然而，这个观点不攻自破，因为针对上述的每个例子，我们都能轻易地找出在相似领域中同样具有超凡创造力却没有任何精神障碍症状的艺术家、科学家。

心理学家只有以样本数量可观的群体为单位，研究天才的心理状况，才能得出合理的结论，判断亚里士多德的看法是对是错。我们将考察三项针对不同时期、不同艺术领域的研究，其研究对象分别是14至16世纪意大利文艺复兴艺术家、18至19世纪英国浪漫主义诗人、20世纪下半叶美国作家。

文艺复兴时期，人类彰显出登峰造极的创造力，在历史上占据着非常重要的地位。不过在人们印象中，患有精神障碍的艺术家在文艺复兴时期极为鲜见，而在同样关键的浪漫主义时期却显得不足为奇。也许除了米开朗琪罗之外，波提切利（Botticelli）、布鲁内列斯基（Brunelleschi）、达·芬奇、拉斐尔、提香等主要文艺复兴艺术家给我们的感觉都是个性强势、顶天立地的，他们不认为自己是孤立无援、饱受煎熬的天才，也没有自毁倾向。实际上，只有一位名气不如前几位的画家——罗素·菲伦蒂诺（Rosso Fiorentino）——早前被曝自杀，而这一消息并不属实。

乔尔乔·瓦萨里的杰作《艺苑名人传》于16世纪中期的意大利首次出版，心理学家安德鲁·斯特普托通过分析书中的人物事迹，研究文艺复兴艺术家的人格特征。斯特普托自问："在瓦萨里眼中，最具创造力的人是精神紊乱、郁郁寡欢、离群出世的吗？还是他另有看法？"

《艺苑名人传》由三部分组成，分别介绍早期、中期、后期艺术家。学界已经认定早期部分的信息并不可靠，因为瓦萨里缺乏1400年之前的材料。因此，斯特普托将书中的早期部分排除在外，转而研究中后期的123位艺术家，整个文艺复兴时期最著名的人物也名列其中，包括83位画家、38位雕塑家、22位建筑家（许多艺术家跨界创作）。

我们还须考虑瓦萨里的个人判断是否可靠。大家都知道瓦萨里常常在事情的真实性上犯错，但在一项关于人格的研究中，立场比真实性来得更加重要：他是否对信息来源进行鉴别、筛选，通过信息的完善、重组，完成该书的潜在任务，即说明艺术家不是区区工匠，而是专业人士，他们与从事法律、医药等崇高事业的人一样值得尊敬。有证据证明他确实做到了。另外，该书记载的事迹中包含了足够多的反常行为和负面特征，这意味着读者大体上可以相信其真实性。斯特普托称，就算是瓦萨里最爱的艺术家，“也与其他艺术家一样，可能被贴上傲慢自大、软弱无能等负面标签”。同样重要的是，瓦萨里的同代人对书中描述的艺术家非常了解，他们认可该书的价值，没有产生任何质疑。

斯特普托梳理传记内容，将其作为42种不同特征的参考标准，其中包括诚实、自负等一般特征，也包括忧郁、古怪等构成所谓“艺术家气质”的特征。无法避免的是，斯特普托手头的材料不总是为他制定的条目行方便，所以他最终从瓦萨里的评价中选取了13个更加宽泛的特征予以采用，分别是：能力高强、勤奋好学、吃苦耐劳、负面评价、善于交际、谦恭有礼、精明老练、张弛有度、超然物外、郁郁寡欢、行为古怪、妄自菲薄、自命清高。

其中，勤奋好学最为常见，123位艺术家中有48人具有该特征，占比39%。谦恭有礼排第二，占31%。相比之下，郁郁寡欢、行为古怪、超然物外的艺术家并不常见。斯特普托写道：“气质忧郁、过分敏感、离群索居等现代遐想，在这里找不到一点根据。”不过也许这些特征属于少数精英分子，属于那些真正伟大的艺术家，也就是说，瓦萨里选择的画家、雕塑家、建筑家中，只有一小部分能力超常者才具有这些特征？事实并非如此，因为斯特普托将其中的精英筛选出来，重新进行分析后发现，原来的结果更加明显：他们比大多数艺术家更加勤奋好学、谦恭有礼、善于社交、张弛有度，仍没有抑郁、古怪的倾向。斯特普托将研究对象进一步缩小至瓦萨里最爱的11位艺术家——马萨乔（Masaccio）、布鲁内列斯基、多纳泰罗（Donatello）、达·芬奇、拉斐尔、安德烈·德尔·萨托（Andrea del Sarto）、罗素·菲伦蒂诺（Rosso Fiorentino）、朱里奥·罗马诺（Giulio Romano）、佩里诺·德尔·瓦加（Perino del Vaga）、弗朗切斯科·萨尔维亚蒂（Francesco Salviati）、米开朗琪罗——再次重复分析，结果比上一次还要明显。文艺复兴时期的伟大艺术家既没有过分离群出世，也没有过分喜怒无常，而是勤奋好学、脚踏实地、谦恭有礼、善于社交、精明老练的。据艺术史学家观察，且不论达·芬奇的大多数作品都是半成品，在15世纪最后20年中，他确实拥有上述所有品质，那时他正为米兰公爵效劳，画着《最后的晚餐》（*The Last Supper*）。

斯特普托总结道："要是事实当真如此，那么患有心理障碍、离群出世等'艺术家人格'特征就不是拥有创造力的必要条件。"在文艺复兴的意大利，这些特质大概不能给艺术家带来足够养家糊口的收入和受人尊敬的社会地位，相比之下，自18世纪后期开始，社会对艺术家的期待转变了，这些特质便一直激发着公众对艺术的兴趣。

第二项研究的对象是36位在1705年至1805年之间出生的英国、爱尔兰诗人，同样是考察精神障碍与创造力的关系，结果却与前一项研究截然相反。开展这项研究的精神科医生凯·雷德菲尔德·杰米森（Kay Redfield Jamison）在《疯狂天才——躁狂抑郁症与艺术气质》（*Touched with Fire: Manic-Depressive Illness and the Artistic Temperament*）中写道："结果显示，这些诗人及其亲属中，患有心境障碍、自杀、因心理疾病被医院收治的比例极高。"

杰米森的研究对象包括浪漫主义时期最权威的人物，包括威廉·布莱克（William Blake）、罗伯特·彭斯（Robert Burns）、乔治·戈登·拜伦、约翰·克莱尔（John Clare）、塞缪尔·泰勒·柯勒律治、威廉·柯珀（William Cowper）、托马斯·格雷（Thomas Gray）、约翰·济慈、沃尔特·司各特、珀西·比希·雪莱、威廉·华兹华斯等，还有利·亨特（Leigh Hunt）、詹姆斯·克拉伦斯·曼根（James Clarence Mangan）、乔安娜·贝利（Joanna Baillie）

等不太知名的诗人。虽然样本数量比斯特普托的少，但是该研究的信息来源却丰富多样，不仅有传记，还有信件、病历、家族史，当然还包括诗人已出版的诗作。杰米森以上述材料作为参考，从中找出抑郁、狂躁、严重狂躁等症状及其规律，还包括容易导致误诊的其他身体或心理疾病，比如济慈的肺结核。

经杰米森诊断，司各特可能患有间歇性抑郁症。她写道：

> 多次提到自己“无故恐慌，身疲乏力，活力下降，思维迟缓”，可能得了文人病，沮丧抑郁。

她几乎能确认拜伦患有躁郁症（双相情感障碍）：

> 反复无常、时而焦躁的忧郁症。性情多变，偶尔“突然暴怒”。情绪大起大落，抑郁发作时越发严重。有明显心理疾病、自杀的家族史。

她引用了司各特的信件，在信中，司各特这样描述密友拜伦：

> 如此天赋异禀之人，竟然饱受心中怪病折磨。即使那天才的火焰无法扑灭，他也无缘享受内心的平静与幸福。想想吧，那有多恐怖。

36位诗人中自杀身亡的有2人，分别是托马斯·查特顿（Thomas Chatterton）和托马斯·罗威·贝多斯（Thomas Lovell Beddoes）。6人进过精神病院，包括克莱尔和柯珀。有明显心境障碍的人超过半数，比如拜伦。杰米森将这一组诗人罹患心理疾病的概率与同时期总人口相比，结果显示诗人的自杀比例是常人的5倍多，进过精神病院的比例是常人的至少20倍，罹患躁郁症的比例是常人的30倍。除了拜伦之外，患有躁郁症的还有布莱克、柯勒律治和雪莱。36位诗人中只有7人没有任何明显的心境障碍症状，占比少于四分之一，而且这些人的知名度相对较低。

第三项研究以20世纪的作家为对象，是史上第一次针对在世作家探究创造力和精神障碍关系的科学尝试。20世纪70年代早期，原文艺复兴文学教授、精神科医生南希·安德瑞森（Nancy Andreasen）基于系统的精神科诊断标准，在几年的时间里开展了多次精心组织的采访，采访对象来自赫赫有名、受人敬仰的爱荷华作家工作坊，是该机构的常驻作家。她还设置了一个控制组，教育背景和年龄与作家相仿，但其成员的工作不需要高水平的创造力。采访时不以小组为单位，而是每个人单独进行。一开始，作家组和控制组各有15人，但后来人数增加到各30人，比杰米森研究的过世诗人只少6人。无须多言，安德瑞森采访的作家（发表的研究中采取匿名形式）没有杰米森研究中的诗人那么出类拔萃。不过，其中有人在美国获得了国家级荣誉，有人是工作坊的研究生或助教。从1947年起，爱荷华作家工作坊毕业的研究生赢得了16次普利策奖，教职人员包括约翰·贝里曼（John Berryman）、约翰·契佛（John Cheever）、罗伯特·洛威尔（Robert Lowell）、菲利普·罗斯（Philip Roth）。

一开始，安德瑞森提出了一个工作假说，即这些作家大部分都是心理健康的，但是相比控制组，家族中患有精神分裂的比例较高。她从一些可靠的研究中获晓，精神分裂的遗传性是学界公认的。这些研究的对象都是被收养儿童，一组的生母患有精神分裂，另一组的生母没有心理问题。生母患有精神分裂的儿童中，有10%患上精神分裂，即使他们是在正常环境中长大的，相比而言，总人口的精神分裂患病率小于1%。此外，安德瑞森认为爱因斯坦、詹姆斯·乔伊斯（James Joyce）、伯特兰·罗素（Bertrand Russell）的家族中也有明显的精神分裂遗传史。一位冰岛精神科医生在研究冰岛名人录中成功人士的亲属后，得出了相同的结果。

20世纪70年代早期，精神科医生之间流行着一种观点：精神分裂的遗传有轻重两种形式，被遗传者重则患上精神分裂，轻则获得异于常人的创造力。

然而，安德瑞森的采访结果显示，30位爱荷华工作坊的作家都没有任何精神分裂症状。按照正规诊断标准，他们大多数（80%）患有心境障碍，即单相或双相情感障碍，而相对应的控制组比例是30%（控制组的比例高得出乎意料，总人口患病率通常在5%~8%）。其中大部分作家都经过医疗诊治，有的住院，有的定期在门诊部拿药，有的接受心理疗法。她还发现，作家的一级亲属（父母与亲兄弟姐妹）中，患有心境障碍和拥有创造力的比例比控制组的一级亲属高出许多。

2005年，安德瑞森回顾这项开拓性研究时指出，该研究“探索了创造力的本质，以及创造力与心理疾病的关系，证明了两个非常普遍但表面对立的观点”。第一个观点是，有天赋的人实际上是“超乎寻常的”。特曼针对天才儿童的研究支持该观点，斯特普托关于文艺复兴艺术家的研究结果可能也是如此（虽然文艺复兴艺术家的创造力更高）。安德瑞森写道：“我采访的作家无疑是……魅力四射、风趣幽默、能说会道、严于律己的。”

他们通常遵循着十分相似的日程安排，早早起床，日间把大部分时间用于写作。他们很少一整天不写作，让日子白白溜走。总的来说，他们与亲友的关系很近。

但是在另一方面，正如杰米森关于过世诗人的研究那样，这些作家还展现出疯癫与创造力的联系，与莎士比亚在《仲夏夜之梦》中所写的相似。

许多人绝对被严重心境障碍困扰过一段时间。重要的是，虽然心理障碍发作时会阻碍创造力的发展，但其发作期不是永久的，也不会持续很长时间。

另外，心境障碍可能会提升创作量。

有时，心境障碍甚至可能为作家日后的创作提供强有力的素材，就像华兹华斯所说的“平静中回忆起来的情感”。

对于这一观点，拥有创造力的人通常不置可否。没有人声称在严重抑郁症的发病期能够创作出具有持久价值的作品，但由于害怕才思枯竭，也没有人希望完全摆脱自己的梦魇。他们对心理疾病的态度是复杂的，这不奇怪。他们虽不妄想患病后能激发更多创造力，但把疾病看作是形影不离的伴侣，对它，就算不是热情欢迎，也必须得虚心接受。

20世纪早期诗人赖内·马利亚·里尔克（Rainer Maria Rilke）有一句名言：“如果我的魔鬼离开了我，只怕我的天使也会飘然远去。”当画家爱德华·蒙克（代表作《呐喊》）被告知精神治疗会让许多病痛消散时，他答道：“那是我和我的艺术的一部分。病痛与我不分彼此，接受治疗会毁了我的艺术。

我想让这些病痛留下。”数学家、经济学家、诺贝尔奖得主约翰·纳什（John Nash）患有妄想型精神分裂症，传记《美丽心灵》（*A Beautiful Mind*）和同名电影都讲述了他的传奇经历。一个同行数学家对他的言行感到难以置信，便问道：“你怎么能相信自己是应外星人的要求来拯救地球的呢？”他回答：“因为这些关于超自然生物的想法就像我的数学观点一样，以同样的形式出现在我的脑海里，所以我得相信它们。”爱因斯坦在尝试构建广义相对论时，也承认接受心潮起伏的必要性，那时他病得很重。

科学家于20世纪50年代发现利血平、盐酸氯丙嗪等药物可以控制精神分裂，于1948年意外发现锂盐可以抗狂躁，在此之前，患者无药可服，只能向疾病妥协。起到缓解作用的药物一经面世，拥有创造力的人就不得不考虑服药带来的利弊。

罗伯特·洛威尔在20世纪60年代后期服用锂盐，他发现服药后，自己不再情绪崩溃，诗歌创作数量也增加了。但是他告诉神经学家奥利弗·赛克斯（Oliver Sacks）：“我的诗歌失去了许多力量。”确实，在评论家眼中，洛威尔早期的作品地位很高，而他服药后写出的诗却大不如前。这样的例子不止一个，1979年，精神科医生摩根·斯高（Mogens Schou）以患有躁郁症且服用碳酸锂的艺术家为研究对象，结果证明服药确实是以质量换取数量。服用锂盐能赋予人重新工作的能力，但前提是以牺牲狂躁期的深刻洞见为代价。获“威尔士民族诗人”荣誉的第一人格温妮丝·刘易斯（Gwyneth Lewis）有一篇散文，名为《黑暗的馈赠》（*Dark Gifts*），收录在《服用百忧解的诗人们》（*Poets on Prozac*）中，她写道：

> 我的八本书中，在服用抗抑郁药期间完成的只有两本，因此我很难辨别清楚，自己是受到药物影响，还是诗风从绮丽发展到了简约（在所有的文学效果中，需要最多技巧也是最难达到的境界就是简约）。即使抗抑郁药物被证明能削弱我作诗的能力，我仍然会服药。行尸走肉一般苟活了几个月后，能够提笔书写就是奇迹，我的底线是参与创作，不是写出客观标准下的杰作。

数量和质量的角逐揭示了天才的本质，对心理学家而言有着不可抗拒的吸引力。狂躁期确实会提升创作数量，但是否有时也能改善创作质量？如果一个拥有创造力的人始终精力旺盛、信心十足，那么他的创作应该会受到积极影响，这似乎在情理之中。另一方面，批判能力是超凡创造力的重要组成部分，只有凭借这种能力，才能带着冷静客观的态度修改激情四溢的作品，但狂躁期可能会对此产生阻碍作用。

简单来说：疯癫给天才头脑带来的是好处还是坏处？心理学家罗伯特·韦斯伯格（Robert Weisberg）针对这个问题，在两个独立的研究中分析了两位伟大艺术家的作品，分别是罗伯特·舒曼的曲和艾米莉·狄金森（Emily Dickinson）的诗。两人后来都被诊断为患有躁郁症，舒曼的病症比狄金森更明显一些。舒曼多次自杀未遂，1856年在精神病院中拒绝进食，以此结束了自己短暂的生命。相比之下，狄金森的生活比较寻常，活得也久一些，但是她将近20年闭门不出，直到1886年死去，她的诗作几乎都是在死后发表的。

从舒曼的病历、来往信件和其他历史文件来看，1829年至1851年，他或多或少都在被极度狂躁和抑郁轮流折磨。对于舒曼每时每刻的心境，或是一个特殊的、但持续时长不超过一年的心境，我们自然无法判断，然而，我们可以确定他创作时期的主导心境。虽然每年的作曲数量与心境的关联不太密切，但1840年和1849年是两个高峰，这两年属于狂躁年，舒曼谱曲超过25首，比其他年份多出许多。首个高峰是舒曼的“歌曲之年”，那时舒曼与克拉拉·威克（Clara Wieck）刚结为夫妻。极度狂躁时期的平均作曲量是抑郁时期的约5倍。

9. 艾米莉·狄金森，1848年。心理疾病有助于她的诗歌创作吗?

为了评估舒曼作曲的质量而非数量，韦斯伯格找来了每首曲目的唱片，录制的唱片数量越多，作曲的质量也就越高。他本可以选择其他的评估方法，比如参考每首曲目在音乐会节目单上出现的次数，或是借鉴指挥家、作曲家、音乐学家、音乐评论家的专家评估。但是以每首曲目的唱片数量为标准的好处是方便计算，而且结果与其他评估手段的相关度很高，比如每首曲目在音乐批判分析中出现的频次。因此，计算唱片数量评估的不只是流行程度。

韦斯伯格写道："如果舒曼的狂躁期提高了他的思维处理能力，那么相比抑郁期，狂躁期谱成的曲目被录制成唱片的平均频次应该更高。"但是他的分析证明不了这一假设。实际上，狂躁期与抑郁期的曲目平均唱片数量大体相当。唱片数量的高峰确实出现在一个抑郁年，而不是狂躁年。研究结果背后的含义是：虽然狂躁期给舒曼带来了高昂的创作动力，他也因此谱成了许多曲目，但是这种动力没能改善作品的质量。

韦斯伯格研究狄金森及其诗歌的质量、数量关系时，也采取了相似的方法，根据书信等外界物证，将狄金森的创作生涯分为狂躁期、抑郁期和无倾向期。

狄金森的大多数诗作都完成于1858年至1965年这8年间（那时她28~35岁），以一次情绪危机为界分为两个4年。这一次，质量评估标准不再是唱片数量了，而是每首诗在20世纪出版的十多部诗集中出现的次数。与舒曼一样，狄金森在不同时期的诗歌创作数量相差很大，狂躁期的作品数量极多。但不同于舒曼的是，有证据证明狄金森狂躁期的作品质量相对更高。因此，两项研究结果相异，狄金森研究的结果指向狂躁能够激发创造力，但是相比舒曼长达20多年的创作期，狄金森的集中创作时长只有短短8年，因此该分析相对不那么严谨、可信。

目前，心理疾病和创造力之间的联系未能确定。心理学家和精神科医生的评估方法区别很大，但是所有人都同意莎士比亚的说法，即疯癫能丰富我们对天才的理解，尤其是对天才诗人的理解。R. 奥赫赛在研究中写道：“即使有些解释站不住脚，古老的天才概念与疯癫存在联系，这似乎并不是完全没有根据的。”许多人认同这种联系源于自然选择，因为创造力在自然选择的过程中必定是有利的进化特点。但是，创造力和疯癫的联系到底如何，仍然众说纷纭。

| 第六章 |

变色龙人格

06

有没有一种人格适合天才？从表面上看来，这似乎不可能。即使我们把范围缩小至同一时期、同一领域的天才，最显著的也是他们人格上的不同点。这样的例子比比皆是。艺术界有：达·芬奇和米开朗琪罗、莎士比亚和克里斯托弗·马洛（Christopher Marlowe）、莫扎特和约瑟夫·海顿、凡·高和高更、T. S. 艾略特和埃兹拉·庞德（Ezra Pound），科学界有：牛顿和埃德蒙·哈雷、达尔文和赫胥黎、居里夫人和欧内斯特·卢瑟福（Ernest Rutherford）、爱因斯坦和玻尔、弗朗西斯·克里克和詹姆斯·沃森。

罗伯特·韦斯伯格谨慎地评论道：

> 拥有创造力的人形形色色，种种人格可能还不足以涵盖到各个方面。换句话

说，也许不是每个拥有创造力的人都能分配到一个独特的人格。然而，我们至少有理由相信，创造型人格有许多种，并且有一点可能是正确的：艺术、科学两界中，即使是那些从事同一分支领域的人也可以从不同的角度切入各自的工作，这意味着他们的人格可能是不同的。

在过去的几十年中，关于人格的科学研究作为心理学的分支之一，始终没能实现长足发展。大约一个世纪前，西格蒙德·弗洛伊德以本我、自我和精神分析等概念为基础，发起了人格研究。但那时，精神分析究竟能不能算一门科学，连弗洛伊德自己都起了疑心。“外倾”和“内倾”这一对概念，早在1921年就由卡尔·荣格（Carl Jung）提出，仍是当下人格研究的基础。然而在20世纪，当评估智力水平的智商测试获得了一致认可时，人格评估领域仍众声喧哗，没有任何特别的进展。

不过，从事人格研究的心理学家人数众多，相关的理论和方法数不胜数。例如，艾森克从20世纪50年代起主张将人格分析建立在外倾性、神经质和精神质三个维度上。在这段令人困惑的时间内，丹尼尔·内特尔（Daniel Nettle）在《人格》（*Personality*）一书中写道："一位心理学家可能在奖赏依赖、躲避伤害这两项上给你加分，另一位则可能认为你是思维型、情感型、感觉型或直觉型中的一种。"如果人格心理学要成为一门学科，而不是和大众杂志上的娱乐向性格问卷混同，那么研究人员必须要能确定，一个人在日常生活和不同社交场合的流转中，确实具有历时长久、几年甚至几十年不变的稳定人格。如果事实果真如此，评估和定性又需要用哪些维度呢？心理学家如何判断人格的稳定性，又怎样才能找出其中与创造力相关的维度呢？

最近这些问题的答案有了眉目。因此，虽然超凡创造者的人格依旧充满争议，但领域内至少对普通人的人格多了一些共识。

首先，"人格五因素模型"似乎能与针对个人和团体的种种研究结果相匹配。内特尔称，这个模型是"史上最全面、最可靠、最有用的人格分析框架"。目前，人格的测试与因素分析主要以五个维度为标准，分别是外倾性、神经质、认真性、宜人性和经验开放性这五种特质（这是内特尔的分类，与其他心理学家使用的相差不大）。内特尔称，外倾性高分者是“爱社交、热情的”，而低分者是“冷漠、喜静的”。神经质高分者“容易紧张、烦恼”，低分者“情绪稳定”。认真性高分者“有条理、能自制”，低分者“心血来潮、粗心大意”。宜人性高分者“值得信任、有同理心”，低分者“拒不合作、怀有敌意”。最后，经验开放性应是与创造力相关性最高的一项，高分者“有创造力、富于想象、精灵古怪”，低分者“务实、传统”。研究发现，不管是过十年再测，还是过一周再测，普通人的五因素分数都保持不变。

其次，达成共识的其他原因来自神经科学、基因学和进化心理学。脑成像扫描于20世纪90年代问世，检测脑部结构和运作状况的差异成为可能，其结果也许能够反映在五因素模型中的不同维度上。换句话说，当人格测试显示“X的外倾性得分高”，那么此人的脑部扫描必须提供相关的生理论据，这个论据可能在中脑的多巴胺奖赏机制中，尽管其位置还没能完全确定下来。接着，2001年完成的人类基因组序列图谱也提供了证据。个人基因变体对人格起着部分决定作用。举例来说，人类通过遗传获得血清素转运基因，其正常形式是一长一短或两长，而一项长时间以新西兰成人为对象的研究显示，具有严重抑郁倾向的人，也就是说神经质高分者，他们的血清素转运基因形式是两短。最后，20世纪80年代以来，进化心理学也开始为人格分析添柴加薪。为什么自然选择造就了人类的种种人格特质？依照进化论，神经质高分者之所以会存在，是因为在人类历史早期，神经质者在预测危险方面具有相对优势（如被大型捕食者攻击），尽管他们备感焦虑，还有抑郁的风险。经验开放性高分者想必是善于适应新环境，在应对陌生的问题时，能找到全新的、具有创新性的解决方法，但与此同时，他们也容易产生怪异的想法，患上精神病（就像《美丽心灵》中的约翰·纳什）。

不幸的是，对任何一种假定的“创造型人格”而言，经验开放性的研究都远没有达到理想水平。内特尔认为经验开放性“神秘莫测，难以厘清”，并承认其他心理学家为其贴上“文化修养”“思维能力”等标签，给出的定义多少有些差异。此外，要判定人格特质和创造表现是否具有因果关系，只有像特曼的智力研究那样，以一组年轻人为对象，从他们还未显现出任何杰出能力时开始，对他们的人格和创造力进行历时长久的研究，才能得出令人信服的结果。但是，到目前为止，几乎没有针对经验开放性的长期研究。

要探求超凡创造者的人格更是难上加难。弗洛伊德称，“在创造力面前，精神分析学家禁止指手画脚”，“精神分析无法为我们揭示艺术造诣的本质”。如今，人格心理学对天才研究的帮助不大。例如，内特尔的《人格》就对这一话题保持沉默。针对创造者（而非超凡创造者）人格特质的经验研究至今只有一项，就出自特曼学生考克斯之手，我们在第四章已经说明，她的研究并不完美，而且时间上早于五因素模型。为离世已久的天才编纂人格侧写似乎大费周章，而科学价值甚微。由于缺乏足够的证据，考克斯研究的大约300位天才中，能够进行人格特质评估的只有100人。

然而，缺乏证据不是最大的阻碍。五因素模型建立在稳定的人格上，而在我看来，几乎可以确定的是，超凡创造者不具有此类稳定的人格。创造力水平越高，人格就越趋向多样化。文森特·凡·高的弟弟提奥曾在愤怒中写道：“他的身体里好像住着两个不同的人，一个天赋异禀、心思细腻，另一个则自私自利、冷酷无情。”因此，在超凡创造者身上寻找稳定的人格毫无意义，因为那根本不存在。他们拥有变色龙人格，也就是说，他们能对自己的人格进行改造，以适应周遭环境。

莫扎特发妻康斯坦泽（Constanze）关于丈夫的作曲过程有一段精辟的评论，能够帮助我们理解变色龙人格：

> 当他在头脑中酝酿某种宏大的构想时，他会全神贯注，在公寓里不停徘徊，对周遭事物置若罔闻。而一旦想法成形，他用不着钢琴，只需几张乐谱纸，还边写边说……“现在，我亲爱的妻子，行行好，把刚才的话再说一遍”，对话从来不会打扰他。

爱因斯坦的人格同样变幻莫测。他享有独特的名望，其中一部分原因在于心直口快的行事风格：他从不回避激烈的辩论，不管对方是朋友还是同事（与尼尔斯·玻尔、马克斯·玻恩关于量子理论的争论闻名于世），从不拒绝单刀直入、妙趣横生的媒体采访，也从不否认自己的名气。然而，爱因斯坦却是在私底下与自己独处时，才完成那最具创造性的科学成就。班诺什·霍夫曼（Banesh Hoffmann）和列奥波德·英菲尔德（Leopold Infeld）是两位物理学家，曾在20世纪30年代与爱因斯坦合作，他们作为见证者，为世人提供了一份生动的实录。霍夫曼回忆道：

> 我们三人一旦找不到解决问题的出路，就会进行激烈的讨论——用的是英语，因为我的德语不太流利——但当讨论的内容变得十分复杂后，爱因斯坦在不知不觉中就开始讲德语。他说母语时便不用为措辞费神。英菲尔德也说起了德语，而我为了听懂他们在说什么，已经费尽了全力，在讨论的激情平息前，几乎没有容我插话的间隙。

一般情况下，我们会感觉到，连说德语也解决不了问题，讨论便停了下来，接着爱因斯坦站起来，操着浓重的口音用英语说：“我再稍微想想。”话音刚落，他就开始左右踱步，或是不停转圈，始终把一缕灰白的长发绕在手指间。在这种极具戏剧性的时刻，英菲尔德和我则保持完全静止的状态，一动不敢动，大气不敢出，怕惊扰他那飞速运转的头脑。时间一分一秒地过去了，英菲尔德和我互相交换着眼神，沉默不语，爱因斯坦仍在踱步，仍在用手指缠绕头发。他的脸上总是挂着一副恍惚、出神的表情，又好似沉浸在自己的世界里，一点也不像在集中精力思考。又过了几分钟，突然，爱因斯坦看起来轻松了不少，笑容浮上了脸颊。他停止踱步，也不再玩弄头发，好像回到了身体所在的环境中，重新注意到我们的存在，接着他便把解决方法告诉我们。他的方法几乎每次都能行得通。

通过以上几则趣闻，我们看到莫扎特和爱因斯坦具有多种人格，五因素模型的简单分类已不再适用。当莫扎特为一席观众举办音乐演奏会，或是指挥他创作的歌剧时，他是外倾性高分者（“爱社交、热情的”），但在家作曲时，他又是外倾性低分者（“冷漠、喜静的”）。同样，爱因斯坦在20世纪20年代各处巡游时是外倾性高分者，居家钻研物理时又是外倾性低分者。人们常说爱因斯坦似乎“游离”在世界之外，他自己更是这样认为。“我是一名真正的‘独行侠’，祖国、家园、朋友，甚至是直系亲属，都没有让我产生强烈的归属感。”他在50岁左右时写道。因此，莫扎特和爱因斯坦既是外向者，也是内向者。尝试评估他们的外倾性程度，必然只会得出一个结论：他们的人格并不恒常稳定，而是变化多端的。

在莫扎特和爱因斯坦身上，人格模型中的其他四个因素也会随着境况的流转而发生巨变。论及认真性（高分者“有条理、能自制”，低分者“心血来潮、粗心大意”）与经验开放性（高分者“有创造力、富于想象、精灵古怪”，低分者“务实、传统”），二人在大多数情况下都是高分者。然而，莫扎特在演奏时偏爱即兴发挥，父亲经常斥责他缺乏条理、挥霍金钱。二人中，只有爱因斯坦称得上是古怪的。

他们大概都是神经质低分者（“情绪稳定”，而不是“容易紧张、烦恼”），不曾受过抑郁症、狂躁症的折磨，生性也不杞人忧天，否则他们就无法独立完成创造性成就。尤其是莫扎特，他没有宫廷乐师的生活保障，却仍铸就不朽。他们对自己的才华有着压倒一切的信心，因此乐于接受那些吓退常人的挑战。然而，爱因斯坦在研究广义相对论时写道：

> 多年以来，那种在黑暗中摸索的焦虑，混合着强烈的求知欲，自信与倦怠轮番上演，直到最终曙光乍现——只有经历过的人才会懂。

宜人性则相对复杂一些。初出茅庐时，莫扎特在宜人性上得分相对较高（“值得信任、有同理心”），他是个顺从的少年演奏家，一心只想取悦他的赞助人——这必定是厌世的利奥波德带有偏见的观点——但他对雇主萨尔茨堡大主教科洛雷多（Colloredo）出言不逊，且拒绝退让，后者毫不讲理地辞退了他。相比之下，爱因斯坦的宜人性得分特别低，几乎垫底（“拒不合作、怀有敌意”）。虽然平常客客气气，但是在他的性格中，独立自足、不顾他人是主旋律，因此他用一副冰冷无情的铁石心肠对待至亲之人：第一场婚姻以破碎告终，两个儿子与他关系紧张，第二场婚姻也濒临消亡。爱因斯坦的第二任妻子与原配育有二女，她的大女儿惨死后，她对一个女性朋友坦白道：“没有什么悲惨的事情可以感染他，他总是能高高兴兴地把悲伤甩在脑后。这也使他能如此投入地工作。”在超凡创造者中，宜人性低分者比比皆是。关于宜人性，内特尔总结道：“一个人必须做到残酷无情，把自己和事业放在第一位，才能铸就伟大。”他引用了奥斯卡·王尔德在《自深深处》（*De Profundis*）中的表述：“在我人生的任何阶段，一切事物对我来说都无关紧要，除了艺术。”

爱因斯坦必然也是这样看待科学的。他勤勉工作，一丝不苟，紧绷的心弦从未松懈，后半生为建立引力和电磁的统一场理论，付出数十年心血，去世前一天，他躺在医院的病榻上，仍在进行数学计算。居里夫人又何尝不是如此？她深知放射性元素对眼睛和皮肤的危害极大，却依旧在没有防护设备的情况下继续研究，直至死神降临。达尔文将科学工作视为“人生中唯一的乐趣”，尽管工作让他焦虑不堪、疾病缠身，他仍称自己“不曾体验过工作之外的幸福”。艺术界的天才们也尽可能多地投入创作。莫扎特去世当晚，仍在坚持谱写《安魂曲》K626。凡·高中弹身亡那天才放下画笔。弗吉尼亚·伍尔夫清楚地知道，那可怖的心理疾病会再次找上门来阻止她写作，因此她选择一了百了。

达尔文的一生尤其清晰地展现出，超凡创造者的人格是多么富于变化，不同领域的天才人格差距有多大。人们难以相信，19世纪30年代，那个踏上冒险征途、并用浪漫笔触将亲身经历写成《“贝格尔号”航行日记》（*Voyage of the Beagle*）的年轻人，竟然就是达尔文。他于19世纪40年代定居达温宅，并于1859年出版毫无浪漫气质可言的论著《物种起源》。

1835年5月，达尔文骑驴坐马穿越安第斯山脉，他将彼时见闻记录在《“贝格尔号”航行日记》中，可谓颇具代表性：

夜里，菲茨罗伊船长、我，还有爱德华兹先生，三人共进晚餐。爱德华兹先生是个长住科金博（Coquimbo）的英国人，以热情好客闻名，只要来过此地，便会对他印象深刻。那时，一场大地震突然来袭。我听见隆隆的地声，但由于女士的尖叫此起彼伏，慌乱的侍者四处逃窜，几位绅士起身往门口冲去，我感觉不到地表的震动。等一切平息后，几位女士仍在惊惶中哭泣。有一个人说，这一整夜，他都无法入眠，即使睡着了，梦里也全充斥着行将倒塌的房子。不久前，因塔尔库哈诺（Talcuhano）发生地震，这位绅士的父亲失去了所有财产，1822年在瓦尔帕莱索（Valparaiso），他自己险些葬身于坍塌的屋顶下。他说，那时发生了一个奇妙的巧合：他正在玩牌，身边有一个德国人忽然站起来，说自己在南美这几个国家中，再也不愿坐在一个关着门的房间里了，他差点因此在科皮亚波（Copiapó）的地震中丢了性命，所以他去打开了门，紧接着喊道："又来了！"灾难便在刹那间降临。在场所有人逃过一劫。地震之所以危险，不是因为打开一扇门浪费了时间，而是因为四面墙壁摇摇欲坠，人们可能你拥我挤，却仍找不到出路。

10. 乔治·瑞奇蒙为查尔斯·达尔文画的肖像，1840年，大约在达尔文发现自然选择法则前后

不过几年之后，对久居达温宅的达尔文来说，如此动荡喧闹的社交场合已经变得不可想象。19世纪40年代，他像上了发条似的，每天把大量时间花在独自工作上，不是在家人止步的书房里，就是在自己的花园中，过上了规律的生活。工作之外，他照食三餐，涉猎群书，一人久久地散步，接待有预约的访客，偶尔才去伦敦和英国其他一些地方短途旅行。诚然，达尔文安顿下来的一部分原因，在于控制1840年左右患上的慢性疾病，但是这也是一种主动的选择，好将尽可能多的时间投入研究中。在乘坐“贝格尔号”环游世界时，达尔文心态开放，乐于迎接各种全新的邂逅与经历，有的促进科学、人类学研究，有的让他与普通人打交道。总之，命运抛来的一切，他都照单全收。相比之下，在达温宅内，他的创造力在一种缺乏经验开放性的氛围中迸发出来。天长日久，他便成了隐士。当然，达尔文广泛阅读，与许多科学家有大量书信往来，对研究和学界有不同意见仍保持开放心态，但是，他告别读大学和周游世界的岁月后，就开始刻意回避形形色色的邂逅，不再广交朋友。

达尔文的神经质得分有明显变化。在读者的印象中，年轻的达尔文性格平和，无忧无虑，情绪波动不大。（也许正因如此，他父亲指责道：“你除了打猎、逗狗、抓老鼠之外，对其他事物都不感兴趣，这样下去，你不仅会给自己丢脸，还会让整个家族蒙羞。”）然而，人到中年，达尔文变得极端焦虑，诸如赶火车之类的生活琐事都使他困扰不已。原因何在？人们会想到，他的孩子们体弱多病，其中两人早早夭折，达尔文因此而受到打击，不难理解。但达尔文还为金钱忧心，这就让人摸不着头脑了，因为他的个人收入极高。不过，令他最难以承受的焦虑来自进化论理论，他担心公众接受程度可能会很糟，这种焦虑显然演化为无药可救的疾病。因此，达尔文怕自己会早早死去，便于1844年将理论写成一篇论文，交给妻子爱玛，并把出版事宜托付给她。此后直到1859年，正是神经质驱使达尔文坚持开展研究调查，为极具争议的理论提供了更多的科学证据。

总体上，结论很清晰：超凡创造者没有特定的人格特质，他们拥有的人格特质也没有特定的比重，换句话说，不存在“创造型人格”。所有的天才对工作都有极高的激情，并决心要在领域内获得成功。然而，这种激情和决心的来源却无法按照某个简单的模型加以分析。天才需要某种程度的外倾性、神经质、认真性、宜人性和经验开放性，以及另外一些因素，如智力水平和才华。但是比起普通人，天才身上所有这些因素的互动似乎更加复杂多变，而且对周遭环境更加敏感。

第七章

艺术对峙科学

07

历史上横跨科学、艺术两界的通才屈指可数（如达·芬奇、克里斯托弗·雷恩），如果我们把那几位大师排除在外，就可以说，任何艺术家都不会出现在科学参考书的条目中，也几乎没有科学家对艺术界做出过杰出贡献。但例外总是存在的。歌德于1810年提出颜色论，弗洛伊德于1899年创立梦与无意识学说，即使两人的理论到现在仍具有争议（此外，弗洛伊德真的能算科学家吗？）。物理学家托马斯·杨在1815年左右开始破译罗塞塔石上的埃及象形文字。亚瑟·查尔斯·克拉克（Arthur C. Clarke）1945年在科技杂志《无线电世界》（*Wireless World*）上发表关于通信卫星的论文，之后他放弃了物理学和工程学，成为一名科幻小说家。汤姆·莱尔（Tom Lehrer）本是哈佛大学数学系讲师，却成了20世纪最著名的讽刺歌曲创作人，虽然我们得承认，他不是一位极具影响力的数学家。

莱尔无疑看见了数学修养和音乐创作之间的关系。2000年，他在一次采访中说：“写一首歌的开头并不难，难的是怎么结尾。你得在结尾把包袱抖出来。”

> 研究数学需要逻辑、需要准确，作词也是，我想在音乐里也一样……写歌就像解谜。把所有碎片拼凑成一首歌，要恰到好处，为句子的结尾找到合适的词，韵脚该放在哪里，不该放在哪里，等等。

莱尔强调，数学家不像自然科学家，“典雅”让他们神魂颠倒。

> 你总能在数学界听到这个词。“这个证明多典雅！”它证明了什么并不重要。“看看这个，太精彩了不是吗？”典雅在结尾出现，干净利落。仅仅有一个证明是不够的，因为枯燥的证明再多不过了，但

时不时会出现真正典雅的证明。

莱尔引用了曾参与研制原子弹的数学家斯塔尼斯拉夫·乌拉姆（Stanislaw Ulam）自传中关于韵词的评论：押韵“生发新的联想……成为某种原创性的自动机制”，接着他以自己的歌曲创作为例说明了这一点。莱尔的经典曲目《沃纳·冯·布劳恩》（*Wernher von Braun*）针对的是那位不讲道德的德国火箭工程师，他先为纳粹制造了V2火箭，又为美国阿波罗项目制造了土星5号火箭，歌中唱道：“‘火箭一上天，随便它往哪儿落，那不归我管，’沃纳·冯·布劳恩说。”莱尔称，如果“落”和“说”没有碰巧押韵[1]，最有名的两句词就光辉不再，这首歌本身都完全有可能不会面世。

莱尔的看法似乎表明数学发现和艺术创作实际上有许多共同之处。数学之所以会产生，是因为数字遵守规则——加法、乘法、交换律等，同样，如果要写出有意义的散文或诗歌，也必须遵守字词的规则。

1　原文中押韵的是“down”和“Braun”。——译者注不过无可否认的是，数学规则与语言规则有一个重要的区别：数学规则天然存在、永久成立，但任何语言的语法、句法、发音规则都是人造的，并随着时间发生变化。我们认为数学真理独立于人类而存在，但语言一旦脱离人类便毫无意义可言。“相信真理离开人类而存在，我们这种自然观不能得到解释或证明。但是谁也不能缺少这种信仰——甚至原始人也不可能没有。我们认为真理具有一种超乎人类的客观性，独立于我们的存在、我们的经验、我们的精神，对我们来说必不可少——尽管我们还讲不出它究竟意味着什么。”1930年，爱因斯坦在一次对话中这样告诉泰戈尔，而泰戈尔并不赞同。

因此，我们通常说“发现”一个数学或科学真理，“创造”一个艺术作品。19世纪30年代，达尔文发现了自然选择法则，但从地球上出现生命起，自然选择便一直存在，就算没有达尔文，也会有别人发现它。事实上，1858年，这个“别人”出现了，他就是阿尔弗雷德·拉塞尔·华莱士（Alfred Russel Wallace），达尔文不得不赶紧发表理论，否则就失了先机。1900年左右，数学家亨利·庞加莱

（Henri Poincaré）已接近发现狭义相对论，差点抢先爱因斯坦。DNA结构几乎被莱纳斯·鲍林（Linus Pauling）、罗莎琳德·富兰克林（Rosalind Franklin）发现，而不是克里克和沃森。“在科学界，甲今天忽视的东西，乙明后天一拍脑袋就想到了。因此，科学家的大部分自尊心和成就感都来自当第一名。”诺贝尔奖得主彼得·梅达瓦（Peter Medawar）在1964年概述了这一广为科学家接受的观点：“艺术家不会把谁先谁后的问题放在心上，但是瓦格纳如果想到，有人可能抢在他之前创作出《诸神的黄昏》（*Gö tterd ä mmerung*），他一定不会在《尼伯龙根的指环》上花费20年时间。”

科技界不像艺术界，对同一个观点或现象做出多重发现，是极为常见的。日期相近的例子如下：1610年伽利略发现太阳黑子，1611年又有三人独立发现；1671年牛顿、1676年莱布尼茨（Leibniz）先后创立微积分；1839年，路易斯·达盖尔（Louis Daguerre）、威廉·亨利·福克斯·塔尔博特（William Henry Fox Talbot）先后发明摄影法；1842年克劳福·朗（Crawford Long）、1846年威廉·莫顿（William Morton）先后发明用于外科手术的乙醚麻醉；1843年朱利叶斯·罗伯特·迈尔（Julius Robert Mayer）、1847年詹姆斯·焦耳（James Joule）与赫尔曼·亥姆霍兹（Hermann Helmholtz）先后发现能量守恒定律；1838年达尔文、1858年华莱士先后发现自然选择与进化论；1862年贝吉耶·德·尚古尔多阿（Béguyer de Chancourtois）、1864年尤利乌斯·洛塔尔·迈耶尔（Julius Lothar Meyer）、1869年德米特里·门捷列夫先后创立元素周期表；1876年亚历山大·格拉汉姆·贝尔（Alexander Graham Bell）、伊莱沙·格雷（Elisha Gray）先后发明电话；1878年爱迪生、约瑟夫·斯旺（Joseph Swan）先后发明碳化棉丝白炽灯；1921年弗雷德里克·班廷（Frederick Banting）和助手查尔斯·贝斯特（Charles Best）、同年左右尼古拉斯·波莱斯库（Nicolas Paulesco）发现胰岛素。20世纪，随着科学交流速度的提升，多重发现、发明变得十分稀少。举例来说，1953年DNA结构面世后，鲍林等相关研究人员便放弃了努力。

1979年，西蒙顿对多重发现进行了细致的调查分析，发现绝大部分案例都是双重发现，也就是两人做出同一发现。有449个双重发现、104个三重发现、18个四重发现、7个五重发现和1个八重发现。从表面上来看，这一长串数据是可靠的证据，支持梅达瓦对科学和艺术的看法。理论和现象“在人类社会之外”，在爱因斯坦口中的客观现实里，等待任何足够聪明的科学家去发现，可艺术来自心灵深处，是艺术家凭着独特的热望创造而成的。然而，这些证据经不起推敲。

首先，双重发现约占所有案例的四分之三，579个案例中有449个双重发现。如果梅达瓦的理论是正确的，那么三重及以上的发现应该占比更大。其次，这些发现虽然是独立完成的，但严格来说，许多都不能称为同时发现，间隔在一年之内的只占五分之一。多重发现的间隔日期越长，梅达瓦的理论就越站不住脚，因为发现的独立性可能动摇了。牛顿和莱布尼茨先后创立微积分，间隔为5年（因此牛顿控诉莱布尼茨抄袭）。达尔文和华莱士先后发现自然选择，间隔了二十几年，几乎是隔了一代人。格雷戈·孟德尔（Gregor Mendel）在1865年发现遗传基本原理，雨果·德·弗里斯（Hugo de Vries）、卡尔·柯灵斯

（Carl Correns）、埃里希·冯·契马克（Erich von Tschermak）各自独立研究，于1900年再次发现了这一原理，时隔35年。最后，多重性可能并非真实属性，多重发现的论调本身就值得怀疑。在双重发现中，两个“相同”的发现可能只有一两处要素相同，另外，得出相同结论所采用的方法也可能完全不同。两三位科学家经常因同一项发现共享诺贝尔奖，他们关注同一个问题，各自从不同角度出发，对整体发现做出了不同的贡献。例如1946年，美国两组科学家独立研究，发现核磁共振，一组来自哈佛大学，另一组来自斯坦福大学，一开始，两组人完全不能理解对方在说些什么，因为他们对同样的物理现象采取了迥然不同的研究方法。1962年克里克、沃森和莫里斯·威尔金斯（Maurice Wilkins）三人因发现DNA结构共同获得诺贝尔奖。

由此，再三推敲后，我们可以看到，科学发现和艺术创作之间的区别消失了。科学突破在历史语境中发生，而不是守株待兔就能等来的。艺术杰作也须师承先辈传统，而不是石头里蹦出来的。无论是科学发现还是艺术创作，都需要将个体思维和集体思维结合起来。达尔文之所以提出进化论，爱因斯坦之所以提出相对论和量子理论，是因为有前辈为他们铺路。达·芬奇画出《最后的晚餐》，离不开文艺复兴早期艺术家对这一母题的表现，莫扎特创作出《费加罗的婚礼》（*The Marriage of Figaro*），离不开意大利同时代歌剧的影响。例子数不胜数。因此，一些心理学家认为，艺术创造力和科学创造力不是壁垒分明的两种能力，而是处于一个假想的连续体中。以韦斯伯格的构想为例，在连续体的最左端，上帝凭空造物，在最右端则是一个人在路上发现了一美元纸币。艺术创造力占据着连续体的左边，科学创造力占据着连续体的右边，两者在中间重合。韦斯伯格写道："从这一方面来看，说沃森和克里克创造了双螺旋结构，听起来倒不那么荒谬，但说毕加索发现了《格尔尼卡》（*Guernica*），却显得有些牵强。"

分子生物学家、科学哲学家冈瑟·斯坦特（Gunther Stent）为这一观点据理力争多年。他以沃森1968年出版的回忆录《双螺旋》（*The Double Helix*）为开端，此书关于科学发现的论述基本上和梅达瓦一致。斯坦特称：

> 在沃森和克里克为DNA分子结构下定义之前，它并非像我们认识的那样，因为自然界以前没有、现在依旧没有DNA分子这个实物存在。DNA分子是抽象物，是代代生化科学家近百年努力的成果，他们从不同角度出发，力显自然现象全貌。DNA双螺旋结构既是一项发现，也是一项创造……

在斯坦特看来，“发现和创造的悖论对艺术和科学都没有哲学价值”。

他说得没错。人们常说沃森和克里克“发现”了DNA，连更懂行的评论家也这么说。事实上，科学家早在1869年就已发现DNA，在1943年发现了DNA在基因遗传中的功用，而1953年发现的是它的双螺旋结构。因此，DNA的科学概念在这段时间内发生了巨大的转变，即使它本身的功能仍保持不变。

11. 詹姆斯·沃森、弗朗西斯·克里克在他们的DNA“双螺旋”模型旁，1953年

但是，关于“创造”DNA结构和创作艺术作品的相似之处，斯坦特和韦斯伯格的论述并不能令人全然信服。韦斯伯格将1953年发现的DNA结构与毕加索1937年完成的《格尔尼卡》做对比，因为毕加索保存了内容详细、日期明确的草稿，从这些草稿和《双螺旋》一书来看，无论是毕加索还是克里克、沃森，都采取成体系的方法，都受到前人作品的影响。不过在

DNA结构的发现过程中，鲍林、富兰克林等人的影响十分明显，其运作模式也无须解释。毕加索却从未提及自己受过谁的影响，韦斯伯格只能大胆猜测。

他选择了毕加索1935年的蚀刻版画《米诺托之战》（*Minotauromachy*），它与《格尔尼卡》有许多共同元素，最明显的是公牛和高昂的马头，又选择了弗朗西斯科·德·戈雅于19世纪创作的蚀刻版画《战争的灾难》（*Disasters of War*），毕加索对这幅画无疑是赞赏的。韦斯伯格指出，《战争的灾难》中的母亲形象，与《格尔尼卡》中怀抱夭折婴儿的女人，两者姿势有相同之处；另外，《格尔尼卡》中的坠落女子，原型来自戈雅画中伸出双臂的坠落男子，因为“她的面部侧影与戈雅笔下的男子很像，而且她也伸出双臂，手指十分夸张地分开”。这一点可能对，也可能不对，毕加索没有告诉我们。在韦斯伯格看来，上述相似点意味着《格尔尼卡》与DNA结构一样，有“一代又一代的前辈”为其铺路。这当然没错，但毕加索在画《格尔尼卡》时，是否想过这些前辈呢？就算毕加索意识到了这些影响，我们也深知，单凭那些借用元素成就不了《格尔尼卡》，只有大师手笔才能将那些元素融合为具有艺术价值的有机整体。戈雅确实影响了毕加索，但要是毕加索果真在创作过程中参考了戈雅的作品，那他在《格尔尼卡》中借鉴戈雅的方式就应该更微妙、更复杂，而不是韦斯伯格指出的那样。如果韦斯伯格平淡乏味的分析就是毕加索的真实想法，那么《格尔尼卡》的品质则不升反降了。与韦斯伯格的意图正好相反，对比结果显示，天才级别的创造性科学和艺术性创作是互相分离的，而不是性质相似的活动。

1959年，拥有理科教育背景的小说家查尔斯·珀西·斯诺（C. P. Snow）在《两种文化》（*The Two Cultures*）中写道："古怪的是，20世纪艺术对20世纪科学的吸收接纳少之又少。"尽管自那时起，人们对艺术和科学的融合做出了不少努力，但成果仍旧寥寥无几。没有几位艺术家能够洞察科学概念、科学发现过程，以及科学家的职业生涯。最伟大的画家和雕塑家都忽视了这些主题。伟大的电影导演也难辞其咎，因为他们把这些主题留给了二流导演。影片如《居里夫人》（*Madame Curie*）、《美丽心灵》（关于约翰·纳什）、关于间歇式雨刮器发明者罗伯特·科恩斯（Robert Kearns）的《天才闪光》（*Flash of Genius*），虽然观赏体验尚佳，演技无可挑剔，但都以主人公的性格为焦点，牺牲了科学元素。对科学主题的舞台剧而言，那些以观点辩论、伦理辩驳为主的作品，在艺坛获得成功的概率更高，例如关于玻尔和海森堡战时会见的话剧《哥本哈根》（*Copenhagen*）。相反，另一些作品没有展现真正的科学，只是借助刺激的舞台效果和插曲转移观众的注意力，如关于拉马努金的《消失的数字》（*A Disappearing Number*），以及关于罗伯特·奥本海默（Robert Oppenheimer）和曼哈顿计划的歌剧《原子博士》（*Doctor Atomic*）和《海滩上的爱因斯坦》（*Einstein on the Beach*）等。也许在书籍中，艺术和科学的融合能取得最佳成果，应该归功于那些早年受过科学培训的小说家，如亚瑟·查尔斯·克拉克、弗雷德·霍伊尔（Fred Hoyle），而非马丁·艾米斯（Martin Amis）、伊恩·麦克尤恩（Ian McEwan）等，他们后来通过自学才对科学略知一二。即使如此，小说中关于科学的描写也尚未达到伟大文学作品的高度。

总而言之，一流艺术家对科学兴味索然，但一流科学家对艺术却热情满满。以玛丽·居里为例，她爱好阅读波兰语、法语、德语、俄语、英语写成的文学作品。爱因斯坦热爱音乐，尤其熟悉巴赫和莫扎特的钢琴曲和小提琴曲，偶尔还会公开演奏两段。他甚至说："莫扎特的音乐如此纯粹、美丽，是宇宙内在美的倒影。"但是没有任何证据表明，莫扎特对科学有过丝毫兴趣，他和饱受争议的催眠术发明者、医生安东·麦斯迈尔（Anton Mesmer）是朋友，在歌剧《女人心》（*Così fan tutte*）中狠狠恶搞了他一番。在约翰·图萨对13位当代艺术家的采访中（详见第三章），科学几乎没有露过几面——只有两人顺带提及，还有一位建筑师倒是成天面对着工程问题。不得不说，图萨没有问任何关于科学的问题，但这也不能完全解释受访者的沉默。在超过250页的访谈中，不必说哪位心理学家，就连达尔文、爱因斯坦、弗洛伊德的鼎鼎大名都没有人顺口提起。从图萨的《论创造》看来，艺术家和科学家似乎生活在毫无关联的两个世界里。

人文文化和科学文化的边界不再像以往那样清晰

可辨，但两方仍互不沟通、各执一词，把社会扯得支离破碎，闹得声名狼藉。学者式傲慢曾在两大阵营中风靡一时，如今虽已不再盛行，但也没有为消弭隔阂的热情让路。事实上，由于教育和科学趋向专门化，技术发展日益复杂化，斯诺的“两种文化”之间，隔阂还在加深。半个世纪之前，全球通信卫星开始投入使用时，克拉克评论道：“一项技术只要足够先进，我们就无法将其与魔法区别开来。”而现在，要找出一个21世纪的达·芬奇或雷恩，简直是天方夜谭，实在可悲可叹。

| 第八章 |

尤里卡经验

08

无论在艺术界还是科学界，人们都会偶尔将天才与一种能够实现突破的惊人顿悟联系起来，这种顿悟即“尤里卡经验”。它促成了DNA指纹技术的发明。亚历克·杰弗里斯（Alec Jeffreys）是一位经验丰富的遗传学家，他开展实验，以探究囊肿性纤维化等遗传疾病如何在家族中传播，却意外发现DNA指纹技术的潜在原理。为追踪家族世系基因，杰弗里斯在男女试验者细胞的不同染色体中找出一个重复的DNA片段。接着，他用一个放射性分子标记选中的DNA片段，以便在X光胶片上数清不同个人及其亲属的重复部分数量。实验在周末进行，当他周一（1984年9月10日）早晨再次回到实验室时，发现胶片上出现了排列怪异的斑点和线条。杰弗里斯的第一反应是：“天哪，真是乱七八糟。”但他又盯了一会儿，突然“灵光一闪”。胶片上的每个条形序列代表着不同数量的DNA重复片段，这意味着，每个人都拥有独特的条形码，而且这个条形码还是其父母DNA的合成物。“那绝对是个尤里卡瞬间。”杰弗里斯后来说道。

> 眼前一亮，在那金子般的五分钟之内，我的研究事业开启了一个全新的方向。在那个瞬间到来前，我正盘算着，这一发现是否能运用于DNA鉴定或生父确认诉讼。不过，要是没想到指纹技术，我就是个十足的傻瓜了。

当然，尤里卡经验应追溯到阿基米德身上。传说两千多年前，阿基米德在洗澡时明白了排水量与浮力的原理，他跳出浴盆，赤身裸体地跑上街头，大喊“尤里卡！”（大致可以译为：我懂了！）在科技界，15世纪的约翰·古腾堡（Johannes Gutenberg）提供了另一个实例。据说在一个丰收季，他无所事事地看着葡萄压榨机，就萌发了制造印刷机的念头。17世纪，艾萨克·牛顿见到一颗苹果从树上掉落，便想出了万有引力法则。1869年，传闻德米特里·门捷列夫在撰写一本化学教科书时打了个盹儿，他做了一个梦，梦醒之后就写下了元素周期表。1953年，詹姆斯·沃森在摆弄硬板纸做的生物分子模型时，突然察觉到DNA结构中两个半部的组合方式，随即揭示了生物分子的遗传机制。“我感到士气大振。”沃森在《双螺旋》中写道。

在艺术界，尤里卡经验的形式更加多样，但同样使人茅塞顿开。豪斯曼（A. E. Housman）在演讲集《诗歌的名义和本质》（*The Name and Nature of Poetry*）中描述了自己的创作过程。“午餐时喝下一品脱啤酒，”他写道：

> 我会出门散步两三个小时。漫无目的地走着，我不过是环顾身边的事物，跟随季节变换的脚步，伴着骤然而至、毫无缘由的情感，一两个诗句、一整个诗节就浮上心头，它们注定汇成一首诗歌，而眼下只是与一个模糊的概念并肩前行。接着，通常有一个小时左右，我的思绪归于平

静，而后再次文思泉涌。

柯勒律治的经历则更富有戏剧性。1816年，他宣称自己在18世纪后期翻开一本关于忽必烈汗的书，读了一段之后，因服用鸦片酊陷入睡眠中，醒来后立即写下了《忽必烈汗：梦中的幻象》（“忽必烈汗建立‘上都’，修起富丽的逍遥宫……”[1]）。离我们更近一些的1932年，亨利·卡蒂埃–布列松在巴黎碰巧看见了一张照片，上面是几个奔跑的非洲男孩，出自体育摄影师马丁·芒卡西之手，他便决定从事摄影业。“我忽然明白了，摄影能将永恒固定在一个瞬间中。这是唯一影响了我的照片。”卡蒂埃–布列松在20世纪70年代回忆道，“就像有人在我身后推了一把，说：去吧，试试无妨！”1950年，萨蒂亚吉特·雷伊在伦敦观看刚上映的意大利电影《偷自行车的人》（*Bicycle Thieves*）时，即刻弄懂了怎么在印度拍摄他的第一部电影《大地之歌》（*Pather Panchali*）。“那个念头就这么刺穿了我。”雷伊在

1　此句采用了飞白先生的译法。——译者注

1982年写道。

越往早先回溯，尤里卡经验的实在证据就越少。阿基米德的故事没有任何证据，有的只有道听途说；古腾堡的经历只出现在一封疑点重重的信件中；牛顿和苹果的奇闻没有书面记录，仅仅来自几位老人的叙述；门捷列夫的梦也玄而又玄，由一位同事公之于世。至于柯勒律治，他于1797年就已完成《忽必烈汗》，1816年才出版面世，时光荏苒近20年，不禁让人怀疑，诗人对当年创作经历的再回首到底真实与否。学者伊丽莎白·施耐德（Elisabeth Schneider）通读了柯勒律治所有现存的手稿和信件，做出以下总结：柯勒律治写《忽必烈汗》时，非常循规蹈矩，并非靠一场梦就能创作，而是有意识地打了多次草稿后才完成的。同是研究柯勒律治的学者，理查德·霍姆斯（Richard Holmes）虽然没有完全否认梦的作用，但指出："《忽必烈汗》的语言抑扬顿挫、似梦似真、精于雕琢，要说其中每字每句都是柯勒律治梦到的，人们很难接受。"

然而，我们不能将此类逸事简单地视为谣传，因为关于灵光一现的时刻，有不少科学家、艺术家都提供了可靠的描述。此外，这与我们自己的经历也有异曲同工之妙：所有人都明白，好主意会毫无征兆地蹦出来，不经意间的对话、偶然的交际、夸张的想象和做梦等非理性输入都是灵感源泉。

另外，尤里卡经验绝非实现突破的唯一因素。一个伟大的想法可能会从天而降，但在此之前，人们似乎得用长时间的学习研究武装好头脑。体验过尤里卡经验、最终做出突破的人，多年以来都在为各自领域中的难题绞尽脑汁。发明DNA指纹技术的杰弗里斯就是一个典型的例子。1928年，亚历山大·弗莱明（Alexander Fleming）无意中发现青霉菌具有杀菌功效，最终将青霉素用作药物，那时他已经在伦敦一所医院的细菌室里工作了20多年。第一次世界大战期间，弗莱明致力于为军人受伤引发的败血症寻找抗生素。战后，他便按计划进行研究探索。1922年，他在鼻涕、眼泪和唾液中发现抗生素溶菌酶。路易斯·巴斯德有句名言："在观察的领域里，机遇只偏爱有准备的头脑。"弗莱明发现青霉素就是一个教科书般的典例。

有一个尤里卡经验享誉科学界，我们不妨仔细考察一番。那是19世纪60年代，德国化学家F. A. 凯库勒发现，苯分子中的6个碳原子呈正六边形的环状结构，为有机化学打下坚实的基础。通过这个例子，我们便能知道，真正的尤里卡经验是复杂的。

12. 德意志民主共和国的一张邮票上印着F. A. 凯库勒，1979年。左边是由碳原子组成、呈正六边形的苯环，这位化学家声称在梦中首次见到这一结构

1890年，自凯库勒发现苯的结构起，已过去了二十多年，他在一次公开演讲中回忆当初的经过。第一次灵感闪光发生在1855年左右，那是一个夏夜，凯库勒与一个朋友做完学术探讨后，坐双层巴士回家，他坐在巴士上层，陷入沉思——脑海中不断浮现出舞

动的原子，它们有大有小、三两成队，还有四价原子，连接成链——直到售票员喊出“克拉珀姆路”。然而，突破在7年后才得以实现，彼时的凯库勒正在壁炉前打盹儿，他说：

> 那时我在比利时的根特市（Ghent），住进了主干道上一间典雅的单身公寓里。但是，我的研究室位于一条狭窄的小巷中，白天晒不到阳光。对一个整天埋头做实验的化学家来说，这没什么大不了。（一天晚上，）我坐在那里编写教科书，但进展并不顺利，我在想些其他事情。我把椅子转向壁炉，半睡半醒间，那些原子又在我眼前跳动了。这一次较小的组合退居幕后。这类幻象我见过不止一次，所以心里知道，目前要在各种组合中看清那些较大的。密密匝匝的原子组合成长链，一切都运动着，像蛇一样左右扭动。但是，看哪，那是什么？！其中一条蛇衔住了自己的尾巴，嘲讽般地在我眼前打转。我一

下子醒了。这次也一样，我一刻不停地工作到天亮，尝试证明这个假设。

凯库勒总结道：

先生们，让我们学会做梦吧，也许这样就将找到真理……但是也得注意，只有经过清醒的头脑审视的梦才能公之于众。

不愧是科学史上最著名的梦，的确耐人寻味，而实情果真如此吗？有不少化学史学者怀疑，这种白日做梦的好事根本没发生过。然而有证据证明，在1890年正式发表之前，凯库勒就曾多次对亲友讲起此事。他的儿子为此做证。1886年，一个受它启发的讽刺作品闻名于世，意味着此事早前已得到广泛传播。另外，凯库勒在学术上谨言慎行，而不像他的一些同代人，所以如果这么一个古怪的梦是子虚乌有的，凯库勒也不会公开了。假定它确实发生了，我们在多大程度上能称之为一种尤里卡经验？

凯库勒早在1858年就发表了结构理论的文章，阐释四价碳原子如何连接形成开链分子（脂肪族），接着，他在1859年到1861年间出版了第一卷教科书，但那时他并未在任何出版物中提及苯等闭链分子（芳香族）的结构，只在一处十分隐晦地表示自己正在思考这个问题。凯库勒应该在1862年上半年做了那个梦，至少是在6月结婚之前（因为演讲中提到了“单身公寓”）。1865年至1866年间，也就是约3年后，他才发表了苯环结构理论。

19世纪50年代晚期、60年代早期，恰逢焦油染料工业、石油工业繁荣兴盛。大量的实验使有机化学知识迅速扩张，最新发现中有不少芳香化合物显然与苯相似（法拉第于1825年在压缩油气中发现苯）。但是能够囊括新发现的结构理论仍未应运而生。除去凯库勒，还有不少化学家尝试解开苯分子结构的难题。例如，约瑟夫·劳施密特（Josef Loschmidt）1861年提出苯的三种分子式，其中虽没有环状结构，但他选择用一个大圈代表苯，以表明其结构仍未确定。1858年，阿奇博尔德·库珀（Archibald Couper）猜想两种其他化合物为环状结构，但没有涉及苯。对此，凯库勒并不认同，但无论在出版物还是在私人信件中，他几乎没有透露个中缘由，似乎有意保密自己对苯分子结构的思考，同时又紧跟学界动态，关注各种矛盾的观点。也许，当凯库勒试图撰写第二卷有机化学教科书时，劳施密特、库珀等人的推论和其他许多观点在他头脑里互相碰撞着，于是在1862年的一个晚上，他在壁炉旁打起了瞌睡。

凯库勒之所以延迟发表理论，有一部分个人原因。1863年，妻子难产去世，留下襁褓中的小儿，他不免感到沮丧和迷茫。不过，他还在盼着学界出现实验数据，证明从苯环结构基础上推测出的新化合物确实存在。到了1864年，两位化学家合成了乙基苯和戊基苯，这些苯类化合物拥有凯库勒期望的结构和性质，可支撑他未发表的理论。新的实验结果让凯库勒行动起来，论文最终在1865年1月面世。

奇怪的是，凯库勒在这篇突破性论文的开头指出，闭链理论在1858年就已“完全成形”——远早于根特公寓的那个梦——另外，他也并未突出强调苯环及其潜在衍生物的结构。但是，文中确实提及了苯环。后来，凯库勒越想越觉得，这一理论典雅极了。1865年4月，他告诉一名学生，它是个“取之不尽的知识宝库”。经过几个月的实验，他和学生们合成了更多新的化合物（多溴苯和多碘苯），验证了理论的正确性。1866年，他发表了苯的三维透视图。很快，几乎每个有机化学家都大体接受了苯环结构，因其理论猜想有了大量实验数据做支撑。

凯库勒对苯分子结构的探索长达五年多，不舍昼夜，所以他的梦只是其中一部分，而非一个孤立的洞见。凯库勒显然大受此梦鼓舞，但它不是他暗示的那种尤里卡经验（他没有用“尤里卡”这个词）。事情很可能是这样：早在这个梦发生前的19世纪50年代，他就开始思考环状结构；1862年以后，他用“清醒的头脑”尝试给以证明；但是由于信心不足，没有公之于众，直到1864年见到有能支撑其理论的实验数据，才最终发表。艾伦·J. 洛克（Alan J. Rocke）对史料进行详尽考虑后写道：“事实与大多数解释相反，也与脱离具体语境的揣测相反，现在真相大白了：凯库勒在半梦半醒中见到的，不是完全成形的苯环理论，甚至也不是部分成形的。”

在这种半意识或无意识状态中产生的，充其量是环的概念，这种概念不是没有先例。理论本身的发展很慢，甚至可以说很折磨人，历经多年，1866年才上升至公认地位。

我们仔细考察创造性突破的历史，就会发现滴水穿石才是常态。一个创造性突破的实现，无论是否得益于明显的尤里卡经验，往往都需要长期思考劳作、反复检验、不断改进。以下是两个例子，第一个来自远古，第二个来自20世纪后期。

文字的出现可谓人类最早的突破，而谁发明了文字，我们不得而知。如果没有文字，只靠口口相传，就不会有今天的历史、科学、文学。如此关键的发明是怎样诞生的？距今约两万年前，在上一个冰河期内，神秘的壁画、石刻画、骨刻画等“前文字”存留下来，“前文字”能表达有限范围内的意义，却不囊括全部口语。（至今仍到处可见，如：机场中的国际交通标志、数学符号、五线谱音符。）约5000年前，在美索不达米亚不断扩张的城市中，能表达任何思想的符号系统——“成熟文字”问世，并很快从象形符号演化为篆刻在泥版上的楔形文字。公元前3000年左右，在最早的楔形文字出现后不久，埃及象形文字也随之面世，可能因为埃及毗邻美索不达米亚，但两者关系仍未得到证实。

前文字转型为成熟文字的重大突破要归功于谜画文字。英文“rebus”一词源自拉丁语，意为“通过事物”（by things）。元音、辅音、音节等口语词汇的组成部分无法通过象形手段描绘，却可以由谜画文字书写。借助谜画文字的法则，人们能够以系统的方式将一门语言的声音视觉化，将声音的抽象概念象征化。如今，我们仍能在画图猜谜和短信中看到谜画文字的痕迹：由一只蜜蜂（bee）和一个托盘（tray）组成的画谜，谜底是“背叛”（betray）；短信中的缩写“b4”代表“之前”（before）。埃及象形文字中充满了谜画字，“太阳”一词原是象形字（一个圈中一个点），读作r（a）或r（e），指太阳神拉（Ra），同时也是法老名字中的第一个符号，这位法老就是我们熟知的拉美西斯大帝（Ramesses the Great）。

谜画文字是怎么来的？有学者指出，在公元前3300年的乌鲁克〔Uruk，《圣经》中的埃雷克（Erech）〕，一个无名的苏美尔“天才”通过有意识的探索，最终创造出谜画文字——与最早记录成熟文字的泥版出现的地点和时间一致。也有人假设，谜画文字是由一些聪明的官吏和商人发明的。更有人认为谜画文字是个意外的发现，而非人为的发明。不少学者将其视作前文字长期演进的结果，而非诞生于某个发明家的尤里卡经验。上述假设均是合理的，因为相关证据极其有限，我们也许永远无法断定哪一个是历史真相。

从考古证据看来，可以确定的是：前文字存在了很长时间，才转型为成熟文字；楔形文字经历几千年的发展，才能记录诗歌等先进思想。世界上最古老的现存文献是苏美尔人的楔形文字，可追溯到公元前2600年，但由于这些早期泥版文字仍未完全成形，其破译工作极为艰难。换句话说，五千多年前必定发生过一次重大突破，即谜画文字诞生，而从现代视角看去，文字在公元前3000年到公元前2000年间逐渐发展，不存在任何尤里卡瞬间。

时间来到20世纪后期。1980年，蒂姆·伯纳斯–李（Tim Berners-Lee）写了一个实验性的网状计算机程序，取名为探询，为欧洲核子研究组织（CERN）的物理学家组建“内部网络”。经过十年研究，万维网在1990年至1991年面世。1999年，伯纳斯–李回忆道：“发明网络，我受到许多影响，包括尚未成形的想法、不同主题的谈话、看似毫无关联的实验。”他有意避开了“尤里卡”一词。“记者总是问我，让网络诞生的那个关键理念、那个独一无二的事件是怎样的。他们大失所望，因为我告诉他们，网络的发明并不存在‘尤里卡’瞬间。”伯纳斯–李在回忆录《织网》（*Weaving the Web*）中写道。

尽管如此，仍有许多突破包含尤里卡经验。诺贝尔物理学奖获得者利昂·莱德曼（Leon Lederman）爱用另一个称号：“顿悟”。1665年至1666年牛顿发现万有引力时，1822年9月商博良破译埃及象形文字时，1838年9月达尔文发现自然选择时，1905年5月爱因斯坦发现狭义相对论时，1953年2月沃森发现遗传的生物分子机制时，尤里卡经验确实降临在他们身上。无论人们把它称作什么，这些天才经过长期深入的研究后，都体验到了一种突然的洞见。

| 第九章 |

汗水与灵感

09

多年积淀的基础上灵光一闪，不懈努力加尤里卡经验，汗水碰撞灵感——无论我们以何种方式表达——这就是天才的决定性特征。一位在柏拉图之前的匿名古希腊诗人〔可能是赫西俄德（Hesiod）〕说："走向卓越之门时，神明叫人流汗。"1903年左右，爱迪生道出一句传世名言："天才是百分之一的灵感，百分之九十九的汗水。"萧伯纳将其修改为"百分之九十的汗水，百分之十的灵感"。达尔文晚年时，给儿子霍勒斯（Horace Darwin）写了一封信，信中谈到灵感与汗水时，虽不像前面二人那样简明扼要，但见解极为深刻：

我昨晚在思考，是什么让人发现未知事物、成为一个发现者？这个问题的确不好回答。许多非常聪明的人——比发现者聪明很多——从未创立过任何东西。据我推测，习惯于寻觅一切事物的起因或意义，就是发现者的窍门，不仅要有敏锐的观察力，还要掌握尽可能多的相关知识。

毫无疑问，像达尔文一样，天才都将工作当成习惯，几乎从不间断。爱迪生拥有1093项专利，成人后平均每两周申请一次专利；巴赫平均每天谱写20页完整的乐曲，足以让一个抄写员在标准工作时间下誊抄一辈子；毕加索创作了两万多件作品；亨利·庞加莱出版了500篇论文、30本著作；爱因斯坦拥有240项出

13. 托马斯·爱迪生与他发明的发电机，1906年，此前不久他曾说："天才是百分之一的灵感，百分之九十九的汗水。"

版物；弗洛伊德有330项。“上述数据指向一个非常重要的事实：这些人一定将绝大部分的时间和精力花在工作上。”R. 奥赫赛在《走向卓越之门：创造性天才的决定因素》（*Before the Gates of Excellence: The Determinants of Creative Genius*）中评论道。

天才比同代人更多产，爱因斯坦、莫扎特等人临终前还在拼命工作。托马斯·杨更是不知疲倦，1829年，他年过五十，生命垂危，仍在病榻上写着《埃及字典基础》（*Rudiments of an Egyptian Dictionary*）。他已拿不动惯用的钢笔，只能握住一支铅笔继续创作。杨作为专业医师，比大多数人都清楚自己的身体状况。但是当一位挚友劝他，继续写作会耗尽气力时，杨这样回答：

> 如果能活下来，那么他会因为完成了这部作品而心满意足，要是事与愿违——似乎可能性更大——那么有所进展也不是一件坏事，所以他仍会因为没有虚度生命中的任何一日而感到极大的满足。

然而，关于汗水与灵感是统一体还是两样东西，天才和普通创作者都难有共识。萨蒂亚吉特·雷伊称："创作这码事，灵光一现便有了主意，没法用科学来解释。科学不能解释它。我不清楚个中缘由，但我知道，在你甚至都没去思考的时候，最佳想法就降临了。这真是一件非常私人的事。"显然，人是"不由自主地、稀里糊涂地产生了灵感"——心理学家克里斯·麦克马努斯（Chris McManus）写道——无论是集中攻克个别的问题时，还是进行毫无关联的工作时，灵感都会不请自来。灵感和汗水极有可能是无法分割的双胞胎。"如果有灵感，它不会在开始谱曲时就产生，而是在谱曲的过程中浮现，"作曲家艾略特·卡特说，"我越是投入创作，就越有灵感——呃，我不知道灵感究竟是什么——但我会对新事物有更清晰的了解，更加怡然自得、兴趣盎然，不会把自己不想做的事都丢在身后。"另外，作曲家亚伦·科普兰（Aaron Copland）说：

> 你无法选择何时想出主意。它主动上门，那时你可能完全专注于另一项工作……

> 我想许多作曲家会告诉你，他们根本没去思考时，好主意就来了。他们赶忙记下来，放在能找着的地方，以便需要时顺手拈来，好主意可不会常有。

至于主意从何而来，似乎不同的创作者有不同的看法。雕塑家安东尼·卡罗这样说：

> 它从许多地方来。它来自思考艺术、观看艺术，来自一段对话，来自上一件完成的作品，来自建筑师在做的事情，来自看见的画作。它来自看见地上有两个小铁块并在一起，或是碰见了什么事，然后说："那是个开端，等等，它还需要点什么呢？"

20世纪有许多心理学家试图建设创造力理论，包括格雷厄姆·沃拉斯（Graham Wallas）、亚瑟·库斯勒（Arthur Koestler）、米哈里·契克森米哈、戴维·珀金斯（David Perkins）、迪安·基斯·西蒙顿、罗伯特·斯腾伯格、罗伯特·韦斯伯格。本书至此也没有提及这些学者的理论，因为没有一个能提供足够的解释。但他们为何失败，是值得思考的。下面以两个较为突出的理论为例，分别是契克森米哈和经济学家大卫·盖伦森（David Galenson）的。

契克森米哈以领域、学门、个人为三要素建立创造力模型，指出创造力并非个人固有，个人须通过作品，在一个领域（比如音乐）中与同学门的专家（作曲家、乐评家）进行互动，才能获得创造力。契克森米哈建议，我们不应该问创造力是什么，而应该问创造力在哪里。其中关于专家的影响力似乎不言自明，但这与我们一贯珍视的看法互相矛盾：创造力和天才可能以个人为单位呈现出来，甚至我们自己身上就能有此类迹象，只是没有察觉到罢了。契克森米哈明确指出了这一矛盾：

思考该问题时，我们通常会想到凡·高，他是一位伟大的、极具创造力的天才，但他的同代人却看不出来。幸好我们发现了他的确是一位不凡的画家，因此对其创造力予以肯定。这意味着，我们对伟大艺术的见解比凡·高的同代人——那些中产阶级庸人高出好多倍。除了这无意识的自负外，还有什么可以佐证我们的看法？对于凡·高的贡献，以下是一个更加客观的描述：直到足够多的专家感到凡·高的画作对艺术界做出过重要贡献，他的创造力才得以诞生。要是没有专家的回应，我们至今仍会对凡·高不屑一顾，认为他不过是个涂两笔奇怪油画的精神病人。

此外，契克森米哈的模型中，个人必须通过正规训练或自学（如凡·高）接触某一领域，否则他就无法在该领域中发挥创造力。而且只有已经存在的领域才具有创造力。

该模型有一些优点，尤其体现在修正创造力一词的普遍贬值上——不是所有具有想象力的个人表达都指向创造力，但是其标准太过严苛，也会将一些天才排除在外。法拉第对数学知识的掌握非常有限，但他对物理学做出了重大贡献；诗人泰戈尔成为印度一流现代主义画家；建筑师文屈斯破译线性文字B。对此，又怎么用模型来解释呢？法拉第和泰戈尔缺乏数学、绘画领域的正规训练；文屈斯在未成形的领域中大展身手（至今仍未有大学开设破译专业）。一些人跨越成型学科边界，成功实现突破，并建立起新领域——如达尔文借助生物学、古生物学、地质学、经济学知识，创造出自然选择的进化论——但在契克森米哈的模型中，他们显然不是合格的创造者。

该模型的价值在于它预见到了一点：专家的观点时褒时贬，“天才”称号也随之来去无踪。换句话说，只需假以时日，天才既可以被制造，也可以被撤销，所有天才都是过眼云烟。这与名声研究的结果不谋而合。第一章中我们说到，最近几十年，巴赫常常在音乐天才中位列第一，即使在20世纪上半叶，人们普遍认为贝多芬才是最伟大的作曲家，巴赫的地位则稍低一些。然而，18世纪下半叶的情况却恰恰相反：巴赫于1750年逝世，他的音乐就此石沉大海，只有几位作曲家还念念不忘，其中包括莫扎特、海顿，还有贝多芬。1800年后，巴赫的名声有所好转，1829年正值《马太受难曲》（*St Matthew Passion*）百年，在柏林的一次音乐会上，20岁的费利克斯·门德尔松（Felix Mendelssohn）执棒，在巴赫逝世后首次重演了这一伟大的合唱经典，此后提起巴赫便妇孺皆知。巴赫的复兴从19世纪发展到20世纪，激发了重新发现传统音乐的浪潮，传记研究和批评研究应运而生，学者纷纷开始关注其他被埋没的作曲家。显然，巴赫如今的“天才”名号要归功于专家的重新评估。

盖伦森的创造力理论从著名艺术家的画作价格考察创造力高低，与他经济学家的身份十分相称。盖伦森在《年长的大师与年轻的天才》（*Old Masters and Young Geniuses*）中指出，在艺术拍卖市场内，毕加索二十多岁时的作品定价最高，以他26岁创作的《亚维农少女》（*Les Demoiselles d'Avignon*）为标杆，价格达到顶峰。保罗·塞尚则刚好相反：他六十多岁的后期画作市场价最高。毕加索67岁的作品卖不到26岁作品价格的四分之一；同样尺寸的画作，同是出自塞尚之手，67岁画的那幅比26岁的贵大约15倍。美国画坛中也有相似的现象。“二战”结束后的几十年里，美国出现了两代秉持不同艺术主张的画派，即抽象表现主义和观念艺术。前者包括马克·罗斯科（Mark Rothko）、阿希尔·戈尔基（Arshile Gorky）、威廉·德·库宁（Willem de Kooning）、巴内特·纽曼（Barnett Newman）、杰克逊·波洛克（Jackson Pollock），这些画家的后期画作价格最高。后者包括罗伊·利希滕斯坦（Roy Lichtenstein）、罗伯特·劳森伯格（Robert Rauschenberg）、安迪·沃霍尔（Andy Warhol）、贾斯培·琼斯（Jasper Johns）、弗兰克·斯特拉（Frank Stella），这些画家的早期画作价格最高。盖伦森著作的标题就来源于此：他把塞尚、罗斯科等人称为“年长的大师”，因为他们越老越出彩，把毕加索、利希滕斯坦等人称为“年轻的天才”，因为他们小小年纪就有了最佳作品。

基于上述事实，盖伦森做出总结：现代有两种截然不同的艺术家——不仅是画家，诗人、小说家、电影导演也是如此。盖伦森把第一种称为“概念型”，以毕加索、T. S. 艾略特、詹姆斯·乔伊斯、奥逊·威尔斯为典例；第二种是“实验型”，以塞尚、罗伯特·弗罗斯特（Robert Frost）、弗吉尼亚·伍尔夫、约翰·福特（John Ford）为典例。从本质上来说，毕加索等概念型艺术家以自身的想象为构思源泉，用许多初步草稿来仔细规划作品，完成速度快，署名及时；塞尚等实验型艺术家以外部现实为基础，不使用初步草稿，而是在工作的过程中寻找材料，创作时间较长，有时没能署名。两种艺术家的创作态度不同，概念型艺术家在青年时期极尽创新之能，但老来才思枯竭，摆脱不了自我重复的桎梏，实验型艺术家初出茅庐时并未与传统一刀两断，但多年不懈的求索令他们终成大器。

理论很丰满，现实却很骨感。举个例子，盖伦森的研究还着眼于最常被重制的作品何时完成——达·芬奇46岁、米开朗琪罗37岁、伦勃朗26岁或36岁、提香36岁或38岁、委拉斯开兹（Velázquez）57岁、弗兰斯·哈尔斯（Frans Hals）79岁或84岁。尽管年龄跨度很大，盖伦森仍主张将六人归为实验型（与拉斐尔、弗米尔等所谓的概念型对比）。他还基于凡·高使用初步草稿，所以将他也纳入概念型，即使凡·高在生命的最后两年，而非早年，才画出最佳作品。更重要的是，凡·高的信件证明，他始终以自然而非想象为创作源泉（不像同代画家高更），盖伦森却轻易地忽视了这一点。在现实中，更确切地说，凡·高与许多其他艺术家相同，是一位带有些许概念倾向的实验型艺术家。盖伦森为证据所迫，最终承认："事实上，我描述的两类艺术家，在实践层面上指的是一个连续范围内的不同变体。"

唯一广为接受的创造力“法则”名为“十年定律”。1989年，约翰·海斯（John Hayes）首次提出这一概念，很快获得了霍华德·加德纳（Howard Gardner）等其他多位心理学家的支持。“十年定律”表明，一个人必须坚持学习实践一项技巧或一门学科长达十年左右，才能做出突破。几乎没有几项突破在十年之内就能铸成。

“十年定律”最初的科学证据来自20世纪六七十年代针对棋手的研究，他们花费十年及以上的时间勤学苦练，才成为棋类高手。接着，学者发现该定律也适用于奥林匹克游泳运动员等体育健儿，还有钢琴演奏家等表演者。此后的研究层出不穷，科学家、数学家、作曲家、画家、诗人，无论在世的还是已逝世的，都应验了十年定律。没有一条人类心理学的法则能够享有物理学、化学法则那样的普遍有效性和精确性，十年定律也有一些值得注意的例外。但是，该定律适用于大多数科学界和艺术界的突破，足以引起我们的重视。

科学界内，爱因斯坦是一个典例。1895年左右，爱因斯坦首次构想狭义相对论的基础，1905年，他完成并发表了该理论。达尔文从1828年开始在剑桥大学潜心研究，自然选择理论于1838年成型。1663年，雷恩第一次为圣保罗大教堂设计建筑蓝图，1673年至1674年，他交付了最终的宏伟模型。1810年，法拉第开始学习科学，1821年，他提出电磁感应定律。凯库勒在伦敦的双层巴士上第一次梦到结构理论，约十年后的1865年，他发表了苯环理论。1920年至1921年间，鲍林开始在高等学府中研究化学键的量子力学问题，该理论于1931年面世。伯纳斯-李于20世纪80年代第一次编写网状计算机程序，十年后的1990年，他发明了万维网。这样的例子数不胜数。

艺术界的情况也大体相同。1809年至1810年间，珀西·比希·雪莱完成并发表了第一首诗歌和第一部小说，他的创作高峰期在1819年至1820年到来，有《暴政的假面游行》（*The Mask of Anarchy*）、《解放了的普罗米修斯》（*Prometheus Unbound*）等作品。欧内斯特·海明威一开始在校园杂志上发表小说和新闻稿件，十年后，也就是1925年至1926年，他写就了《太阳照常升起》（*The Sun Also Rises*）。1896年，毕加索在巴塞罗那接受美术教育，《亚维农少女》于

1907年诞生。1882年，亨利·德·图卢兹–罗特列克（Henri de Toulouse-Lautrec）进入第一位老师的画室学习，1892年，他画出了《红磨坊》（*At the Moulin Rouge*）。1955年，萨蒂亚吉特·雷伊完成首部电影《大地之歌》（取材于一部自传体小说），他从1944年就开始为原小说创作木刻画并撰写脚本。1902年，伊戈尔·斯特拉文斯基师从尼古拉·里姆斯基–柯萨科夫（Nikolai Rimsky-Korsakov），1912年，他谱就了《春之祭》（*The Rite of Spring*）。就连甲壳虫乐队都是如此：1957年，约翰·列侬开始与保罗·麦卡特尼合作，1967年他们录制了专辑《佩珀中士的寂寞芳心俱乐部乐队》（*Sergeant Pepper's Lonely Hearts Club Band*）。

在我看来，“十年定律”应分为弱、中、强三个不同的版本。（连物理学家有时也会使用这种区分方式。）弱定律指实现一个突破要在相关领域中努力工作实践至少十年，也许需要更长时间。中定律的限制条件更多一些，指实现一个突破要努力工作实践至少十年，并以解决具体问题为核心。强定律的限制条件最多，指实现一个突破要努力工作实践不多不少十年时间，并以解决具体问题为核心。当然，强定律有许多例外。然而，弱定律的例外极少，也就是说，要是一位科学家或艺术家在一个领域中努力工作实践的时间少于十年，他做出突破的概率极小。尽管我们常常对神童有更高的期望，但连爱因斯坦和莫扎特都没能在十年内实现突破。

海斯发现，古典乐作曲家中只有三个例外，且并非顶级大师：埃里克·萨蒂（Erik Satie）在职业生涯第八年谱出代表作，尼科罗·帕格尼尼（Niccoló Pagnini）和德米特里·肖斯塔科维奇（Dmitry Shostakovich）在职业生涯第九年谱出代表作。海斯将

14. 艾萨克·牛顿画像，戈弗雷·内勒爵士，1689年。十年内完成突破的天才屈指可数，牛顿就是其中之一

“代表作”定义为在顶尖音乐指南里拥有五个不同录音版本的作品。按照这一定义，莫扎特于职业生涯第12年产出首个代表作——《第九钢琴协奏曲》K271。

在视觉艺术领域，凡·高在1888年完成不少经典作品，距他开始作画只过去了8年；但他早前为一位艺术交易商工作了六七年，从海牙辗转到伦敦、巴黎，日日同大师之作打交道，锻炼了眼力和艺术敏感性，因此凡·高绝非在1880年才开始接触绘画。在科学界，1925年，量子理论的创始人之一、理论物理学家沃纳·海森堡年仅23岁，在大学里研究物理约5年后便提出了矩阵力学；但他当时的导师是两位知名物理学家——马克斯·玻恩（Max Born）、尼尔斯·玻尔，二人对海森堡多有扶持。另一位理论物理学家保罗·狄拉克（Paul DIrac）也是个例外：1928年，年仅25岁的狄拉克在大学里学了6年应用数学后，提出了电子的相对论性方程，预言了正电子的存在；但他早先读过3年的电子工程学。也许，实打实地冲破十年定律的科学家只有一位，他就是牛顿：他的奇迹之年出现在22岁到23岁间，即1665年至1666年，那时距他被剑桥大学录取还不到5年。

十年定律的例外寥寥无几，其中有很大一部分来自理论物理学领域，这可能是一条线索，我们可以据此对超凡创造力为何遵守该定律做出解释。研究理论物理学，无须年复一年地摆弄实验，它也不像工程学、化学、地质学、生物学等学科，没有任何关于自然知识的文献库要记忆和消化。因此，与其他科学家相比，一位理论物理学家触到学科边界、实现突破所需的时间更短，付出的汗水更少。实际上，在我看来，十年定律是一个关于汗水和灵感的经验真理，与爱迪生个人的猜测对等——对等的不只是潜在的基本原理，还有大致的比例。爱迪生“百分之九十九比百分之一”的估计得到改进，取而代之的是，通过每十年（120个月）的努力工作，一个人大概就能拥有一到两个月（1%）的“灵光一现”。虽然听起来令人沮丧，但在某种角度看来，这也意味着历史上几乎没有几位天才能走捷径——就连达尔文、爱因斯坦、达·芬奇、莫扎特也不行——要实现一个创造性突破，必须走过漫长艰辛的道路。

第十章

天才与我们

10

第十章　天才与我们

一个人只要过了青春期，就会明白：时尚变幻无常，声望转瞬即逝，名利场上风水轮流转。就文学而言，许多荣获诺贝尔文学奖（1901年开始颁授）的作家现已惨遭世人遗忘，连母语读者的芳心也无法俘获。谁会大费周章地去阅读苏利·普吕多姆（Sully Prudhomme，1901）、卡尔·维尔纳·冯·海登斯坦（Carl Verner von Heidenstam，1915）、格拉齐娅·黛莱达（Grazia Deledda，1926）、赛珍珠（Pearl Buck，1938）等诺奖得主的作品？“每个时代推崇备至的大作，几代之后便归于沉寂，”文学评论家哈罗德·布鲁姆（Harold Bloom）于2002年出版的《天才：一百颗优异的创造之心》（*Genius: A Mosaic of One Hundred Exemplary Creative Minds*）中写道，“除了寥寥十余个例外，现在我们新近赞颂的一切，都是潜在的古董，以语言为材料的古董入不了拍卖行和博物馆，只会进垃圾箱。”

古典音乐领域中，门德尔松（1809—1847）诞辰两百年时，他又摇身一变，成了一颗冉冉升起的新星。正如人们一度认为巴赫已经过时、宗教气息太浓一样，门德尔松也曾被视作轻浮的浪漫主义者。在20世纪的作曲家调查中，门德尔松的排名不上不下。2008年出版的论文集《演奏中的门德尔松》（*Mendelssohn in Performance*）囊括了11位学者的文章，资深指挥家、音乐学家克里斯托弗·霍格伍德（Christopher Hogwood）在其序言中写道：“的确是在最近一段时间，我们才逐渐认识到，门德尔松是一位‘深究问题的作曲家’，而非‘浮于表面’。”近来关于门德尔松的学术出版物将更多信件纳入讨论范围，还包括几份传记研究，以及不同版本作品的批评分析。专家学者辛苦劳作的最终结果会是怎样，目前仍不清楚。在理想状态下，门德尔松的名声将会接近巴赫、莫扎特、贝多芬，成为与他们同一层次的天才，霍格伍德等音乐家相信这是他应得的。

昙花一现的名声在视觉艺术领域尤其明显。

提香等早期绘画大师的名气忽涨忽退。在1771年的一次演讲中，英国皇家美术学院创办人、画家乔舒亚·雷诺兹将提香、委罗内塞（Veronese）、丁托列托（Tintoretto）等意大利画家贬为“沉迷色彩、牺牲形式的粉刷匠”。这种宣传的影响一直延续到19世纪——16世纪威尼斯画派失去了市场，17世纪意大利的大师之作异军突起——雷诺兹的目的达到了，因为他的赞助商借此大赚了一笔。

在一众现代绘画大家中，毕加索的名声极高，但我们有充分的理由怀疑，他可能也不会千古流芳。连毕加索自己也曾暗示，他的大多数作品仅仅应艺术交易商和公众的要求而作，其价值尚待商榷。毕加索在世时，他的画作中只有偏向现实主义风格的才能卖出高价，二十多岁完成的作品价格最高；这一趋势在1973年毕加索去世后更为明显，前文已有涉及。知名批评家大卫·西尔维斯特（David Sylvester）虽对20世纪艺术抱有深厚的兴趣，仍指出没有一位20世纪顶尖艺术家“能与不朽的早期绘画大师相媲美”，他尤其点名毕加索、马蒂斯、皮特·蒙德里安，还将塞尚视作“进驻艺术万神殿的最后一人”。心理学家科林·马丁戴尔（Colin Martindale）尝试在跨越世纪的创作潮流中找出艺术“法则”，他在著作《上发条的缪斯：艺术变化的可预测性》（*The Clockwork Muse: The Predictability of Artistic Change*）中写道，如果过去具有任何程度上的借鉴意义，毕加索的画作就可能“在未来某个时刻……被视作丑陋且毫无价值的东西，没人会稀罕”。马丁戴尔故意挑衅的观点虽不可全信，但极有可能的是，在毕加索逝世后的一百年内，未来的美学趋势会将他拉下神坛。

我们应该清醒地认识到，25年前的大拍卖行艺术目录上，那些曾经叱咤风云的现当代艺术家里，目前仍有作品在拍卖的不到一半。1988年，《艺术指南》（*Kunstkompass*）以大型机构会展、艺术杂志采访等依据为顶尖国际艺术家排名，捷克、德国双国籍画家杰里·乔治·杜科皮尔位（Jiri George Dokoupli）列第30名。现在，听说过他的人屈指可数。

有些艺术家的名声可谓一波三折。提香就不必说了，伦勃朗也是如此。当今社会对他的评价极高，此前兴起过三次追捧伦勃朗的狂潮，分别出现在拿破仑战争时期的英国、19世纪七八十年代的德国和美国，以及20世纪前30年，这一次波及了全世界。生于荷兰的劳伦斯·阿尔玛–塔德玛（Lawrence Alma-Tadema）可能是维多利亚时期最成功的画家，他的名声大起大落，十分耐人寻味。阿尔玛–塔德玛的专长是以奢华的笔触描绘古代世界，他坚持绘画应精确无误，将创作基于对考古学和建筑学的详尽研究上。在伦敦定居后，他很快当选为皇家美术学院院士，此后平步青云，不仅被封为爵士，还荣获了功绩勋章（爱德华七世于1902年创设）。尽管评论家约翰·拉斯金嘲讽他为19世纪最烂的画家。1912年，阿尔玛–塔德玛逝世，皇家美术学院为他举办了一次隆重的纪念展览，涵盖了他所有的作品。

1888年，阿尔玛–塔德玛着手完成著名画作《黑利阿迦巴鲁斯的玫瑰》（*The Roses of Heliogabalus*）。这幅画描绘了罗马皇帝黑利阿迦巴鲁斯穷奢极欲的生活，他命令在宴会大厅的顶棚中装满玫瑰花瓣，再宴请宾客，花海一旦倾泻下来，毫不知情的客人便窒息而死。阿尔玛-塔德玛为了保证画中的每一片花瓣都不差毫厘，便从法国里维耶拉订购了玫瑰，在冬日连续4个月每天送到伦敦的画室里。这幅画的委托金有足足4000英镑（1888年的价格）。另一幅极负盛名的作品是以《圣经》为题材的《摩西的发现》（*The Finding of Moses*），创作于1904年，委托金更是高达5250英镑。但是，1960年的一次大型艺术拍卖会上，《黑利阿迦巴鲁斯的玫瑰》只卖到了105英镑，《摩西的发现》也不过252英镑。到了20世纪中期，也就是阿尔玛-塔德玛死后半个世纪，他的身影就从恩斯特·贡布里希（Ernst Gombrich）的《艺术的故事》（*The Story of Art*）等诸多绘画简史中消失了。由詹姆斯·芬顿（James Fenton）执笔、诉说皇家美术学院当代历史的《天才学校》（*School of Genius*）中，也没有他的名字。

然而，20世纪下半叶，崇拜阿尔玛-塔德玛的热潮又渐渐卷土重来。在1995年的纽约，《摩西的发现》以280万美元的高价打破了拍卖纪录。主要原因似乎在于20世纪好莱坞电影导演与富有的维多利亚人所见略同，他们发现阿尔玛-塔德玛对古代场景的再创作虽然有点单调，但它是那么细致入微、华美绮丽。阿尔玛-塔德玛的画作以布景的形式出现在塞西尔·B. 戴米尔（Cecil B. DeMille）1956年执导的电影《十诫》（*The Ten Commandments*）中，还为2000年上映、获奥斯卡奖的罗马史诗电影《角斗士》（*Gladiator*）提供了不可或缺的灵感。尽管许多人会像拉斯金最初那样嘲笑阿尔玛-塔德玛，因为他的画作往往多愁善感，有时还带有些许情色成分，画里尽是古代希腊罗马穿着的维多利亚人，但是我们不能完全忽略这些作品的价值。这位描绘古典场景的19世纪著名画家在20世纪早期确实受到了某种媚俗的追捧，即使没有一位严肃的艺术评论家会认为他是个天才。

对其他一些不太知名的艺术家而言，他们只有一幅作品吸引了公众的注意力，而其他的则被淡忘。盖伦森将这种现象——也出现在文学和音乐领域中——称为“没有大师的杰作”。视觉艺术领域的例子如下：1936年，梅雷特·奥本海姆（Meret Oppenheim）用瞪羚毛皮包裹了茶杯、茶碟和茶匙，完成了具有性意味的超现实主义作品《皮毛餐具》（*Le Déjeuner en fourrure*）；1956年，波普艺术家理查德·汉密尔顿（Richard Hamilton）为讽刺即将到来的消费社会，创作拼贴画《究竟是什么使今日家庭如此不同、如此吸引人呢？》（*Just What Is It That Makes Today's Homes So Different, So Appealing?*）；1982年，林璎（Maya Lin）以呈V字的黑色花岗岩墙体为建筑方案，设计了位于华盛顿特区的越战纪念碑。同样，没有一位评论家会将奥本海姆、汉密尔顿、林璎称为天才，但是频繁地复制成就了上述三项作品的偶像地位，与公认大师的最佳作品不相上下。

可见，艺术家的名声受时尚影响尤其厉害，专家意见、名流动向和社会运动都能让艺术界改天换地，而科学界也无法完全遗世独立。19世纪早期，化学家汉弗里·戴维是英国仍在世的科学家中最著名的一位。他发现了一氧化二氮（笑气）和钠、钾等许多化学元素，发明了矿工用的安全灯，也是广受欢迎的、热情洋溢的演讲家，又与权贵交好，1820年到1827年担任皇家学会会长。他在皇家研究院招聘了一名助手，正是年纪轻轻、资历尚浅的迈克尔·法拉第。大约两百年后，无人不知法拉第的贡献，戴维却被埋没了。他的科学成就在当时无疑是至关重要的，但也逃脱不了沉寂的命运，如今只出现在科学史学家的研究中。与他形成鲜明对比的，是前辈牛顿、后辈达尔文，还有同在皇家研究院和皇家学会却远没有他名气大的同代人托马斯·杨。当今世界，像居里夫人、达尔文、爱因斯坦一样家喻户晓的科学家，在世的大概只有斯蒂芬·霍金[1]一人，他因战胜疾病、写出畅销书《时间简史》（*A Brief History of Time*）、发表震撼人心的宇宙本质观点而闻名。

尽管霍金是一名数学教授，但他有资格获得诺贝尔物理学奖，然而至今也未能拿到。诺贝尔奖是对时尚、声望和名利的修正吗？——创始人阿尔弗雷德·诺贝尔对追名逐利深恶痛绝，在遗嘱中期望该奖真实地记录下19世纪、20世纪出生的天才。当然，诺贝尔奖不奖励名人，也不授予名人：没有几个人能将前些年的诺贝尔奖得主一一报上名来，连“接地气”的文学奖、和平奖得主也默默无闻，更别说其他了。极有可能的是，诺贝尔奖为了巩固天才的概念，搭建起一个看似充满魔力的赢家圈

1 斯蒂芬·霍金于2018年3月14日逝世，本书英文版于2011年出版。——编者注

子，将领域内的大多数人排除在外，无论他们有多优秀。也许诺贝尔科学奖实现了这一目标，而文学奖、和平奖和经济奖却并非如此。伯顿·费尔德曼（Burton Feldman）在《诺贝尔奖：天才、争议与荣耀的历史》（*The Nobel Prize: A History of Genius, Controversy, and Prestige*）中指明：

> 长期以来，与文学奖评审委员相比，科学奖评审委员选择的获奖者更令人印象深刻。普朗克、卢瑟福、爱因斯坦、玻尔、海森堡、狄拉克、鲍林、克里克和沃森、费曼——个个都不愧为科学伟人。如果没有这些名字，诺贝尔奖还会一如既往地魅力四射吗？五十多年来，文学奖忽略了列夫·托尔斯泰、贝尔托·布莱希特、詹姆斯·乔伊斯、弗吉尼亚·伍尔夫等人，永远也赶不上科学奖名单的威信。文学奖、和平奖与经济学奖就像微弱的火焰，在爱因斯坦及其同伴的光芒照耀下变得更加明亮。

事实上，经济学奖于1968年才由瑞典中央银行创立，因此并非真正意义上的诺贝尔奖，包括往年获奖者在内的许多人呼吁取消该奖项。

文学奖也面对不少难题，受到负面影响。诺贝尔在1896年的遗嘱中，要求文学奖应授予“具有理想主义倾向的优秀作品”的创作者。针对这一措辞，瑞典文学院的评审委员的最初理解不同于今日，因此亨利克·易卜生、托尔斯泰、爱弥尔·左拉等许多伟大作家被排除在外，后来他们改变了对“理想主义”的解读，致使“二战”后的文学奖得主与20世纪上半叶相比更令人印象深刻。此外，评审委员的多语能力有限，所以最终结果部分取决于评审对译本而非原文的阅读（首位亚裔诺贝尔奖得主泰戈尔主要用孟加拉语写作，但评审以其英语译本为准）。随着文学奖考虑范围的逐步扩大，作品从欧洲主要语种扩展到亚非地区多语种，语言障碍变得几乎无法逾越。最重要的是，作家要博得立足之地，须经得起光阴的历练，有时长达几十年，要名扬四海更是任重道远。如果评审团想省时省力，只需等作家慢慢变老，早过了写出最佳作品的年纪，再把奖颁给他。但无法避免的是，死亡有时来早了一步，马塞尔·普鲁斯特、赖内·马利亚·里尔克、D. H. 劳伦斯就没能获奖。

科学奖却不为上述难题所困。大部分原创科学理论和关键实验在一二十年内就会得到学界认可。另外，科学奖得主常常是两个人，最多可以有三个人，但麻烦的是要判断谁能拿、谁不能，有时还会引起争议。不过，从一个科学成就诞生到获得诺贝尔奖，也会需要很长时间。诺贝尔物理学奖委员会十多年来始终拒绝给爱因斯坦颁奖，他在1921年最终拿

15. 赫布洛克漫画《爱因斯坦曾在这里生活》，在爱因斯坦逝世后首次发表于美国报纸，1955年。（版权归赫伯·布洛克基金会所有）

到了该奖，但凭借的不是1905年提出的相对论，而是截然不同的量子理论建构。因为前者争议太大，而后者已经被其他科学家的实验证实了。1983年，天文物理学家苏布拉马尼扬·钱德拉塞卡（Subrahmanyan Chandrasekhar）因1934年的成就获奖，足足等了半个世纪。

诺贝尔奖无疑忽略了许多其他智力活动领域，如音乐、绘画、雕塑、表演艺术、电影、生物、数学、哲学、心理学、社会科学、政治学、历史，都没有一席之地。这显然由阿尔弗雷德·诺贝尔遗嘱中的个人选择所导致，同时也反映出“天才”评定在其中一些领域里并非易事。不少领军人物对知识进步卓有贡献，即使他们的思想并不全对。达尔文生物学的某些方面、弗洛伊德的大多数精神分析理论，都是不正确的。然而，精神科医生安东尼·斯托尔以弗洛伊德为对象，表达了这样的看法：“即使弗洛伊德提出的所有观点都被证明是错的，我们仍旧亏欠他很多……他确实引起了思想方式的革命。”如果柏林和斯托尔是对的，那么关于“弗洛伊德应当被视作天才，达尔文也一样”的说法，我们至少可以说它并非毫无根据，但也有待证实。

21世纪早期，有才华的人似乎越来越多，而天才越来越少。以创造力输出为生的科学家、作家、作曲家、艺术家比过去任何时候都多。20世纪，从音乐、歌唱艺术到棋类、体育竞技，所有领域的表现标准和最高纪录持续提高。然而，当今社会的达尔文、爱因斯坦、莫扎特、贝多芬、契诃夫、萧伯纳、塞尚、毕加索、卡蒂埃–布列松在哪里？电影是最年轻的艺术，可业界仍有一种愈加强烈的感觉：查理·卓别林、黑泽明、萨蒂亚吉特·雷伊、让·雷诺阿、奥逊·威尔斯等天才巨擘已离大荧幕而去，剩下的不过是有些才华的导演。甚至在流行乐领域，路易斯·阿姆斯特朗（Louis Armstrong）、甲壳虫乐队、吉米·亨德里克斯（Jimi Hendrix）似乎亦成为明日黄花。当然，也许当下的天才还没有受到公认——我们知道，要等他们去世几十年后才能实现——但可悲的是，这不太可能，至少在我看来是这样（别人一定会反对），下面我简单解释一下原因。

我知道，我这么说容易陷入亚历山大·冯·洪堡（Alexander von Humboldt）指出的思维定式。博学多才的洪堡在19世纪踏上了探索南美洲之路，近日被一位传记作家称为“当时的阿尔伯特·爱因斯坦”。到了19世纪中叶，洪堡在《宇宙》（*Cosmos*）第二卷中写道：“那些心灵软弱的人，会扬扬得意地相信，人类在他们那个时代已经达到了智力的巅峰，但他们忘记了一点：由于所有自然现象之间都存在内部联系，当我们逐步向前，我们相应地需要额外的、更宽广的知识，才能跨越未知领域。在前进的求知者面前，那尽头就像地平线一样不断后退。”洪堡说得没错。但是，他口中探险家的意象确实同样暗示着，当知识日益进步，相比上一代，下一代会有时间去研究知识视野中更细小的部分，因为未知领域还会不断扩大。但是“天才”似乎需要知识的广度，从囊括一切的视角看问题。如果是这样，那么知识越是进步，做到博学多才就越难，做出新突破也就越难。

教育领域的职业化和专门化持续增强，科学界尤甚，这是无法否认的事实。与19世纪相比，一个人如今要获得广博经验，继而成为天才，不说绝对不可能，也是难于登天。如果达尔文被要求修读生物学博士，仅以藤壶为研究对象，接着聘入一所大学的生命科学院，那么拥有形形色色的经历、接触多种多样的学科就变得难以想象，而那才是他发现自然选择的基础。如果青年凡·高直接进了巴黎一所艺术院校，而没有花费多年为艺术交易商工作，没有试着成为一名牧师，也没有寄居在荷兰贫农家中自学绘画，我们还能欣赏到凡·高全盛时期的伟大作品吗？甚嚣尘上的艺术商业化是天才式微的第二个原因，体现为名流崇拜。只有经过岁月洗礼——至少十年——才能成就真正的原创作品，而作品要找到知音和市场则须静待更久。凡·高和达尔文在很长一段时间内享受着经济支持，可没有几个初露头角的艺术家、科学家会如此幸运。像阿尔玛–塔德玛、沃霍尔那样，以出产依样画葫芦、哗众取宠、故步自封的作品为业，不仅难度低，报酬还很丰厚。爱因斯坦也讽刺一些职业科学家，说他们“拿来一块木板，找到最薄的地方，因着钻孔简单，就在那里钻好多孔”。比起前两点，第三点并不显而易见，自19世纪浪漫主义运动以来，我们的辨别能力增强了，期望中的现代天才变得更加复杂，其中部分原因来自20世纪心理学和精神分析的进步。弗吉尼亚·伍尔夫反讽的描写——“长发飘飘，头戴黑帽，身披斗篷”——告诉我们，虽然维多利亚时期的真英雄的确如此，但这一形象掩盖了天才其他的复杂心理，早已过时。

我们还需考虑反精英主义的时代思潮。天才这一概念往往会引来科学怀疑论者和文化平均主义者的攻击。1986年，罗伯特·韦斯伯格出版了一本简短易读的书，名为《创造力：破解天才神话：你和莫扎特、爱因斯坦、毕加索之间的共性》（*Creativity: Beyond the Myth of Genius: What You, Mozart, Einstein, and Picasso Have in Common*）。也许选择第二个副标题的是野心勃勃的出版商，而不是作者本人。不管怎么说，此书简述了一种广泛传播的欲望：在吹嘘天才的同时，将天才贬为庸人。一幅戏讽该悖论的连环画发表在《科学美国人》（*Scientific American*）杂志上。那时正值爱因斯坦提出相对论百年纪念，其中赫然画着一本名叫《爱因斯坦的食谱》（*The Einstein Diet*）的书，配文：“这个超级天才吃点啥？来读这本书，解锁阿尔伯特的饮食秘密。”省钱价：只要84.99美元。

天才不是神话，是值得我们努力的方向。但是正如十年定律表明的那样，一个人要成为天才，必须付出代价，大多数人要么负担不起，要么不愿负担。成为天才没有捷径。天才实现突破，不靠魔法，也不靠奇迹。那是人类毅力的硕果，不是神明恩典的产物。这就是天才的真相，只要我们诚挚地渴求，就一定能够从中获得生活与工作的决心和动力。

进一步阅读

第一章　定义天才

E. T. Bell, *Men of Mathematics* (London: Victor Gollancz, 1937)

Daniel Coyle, *The Talent Code* (London: Random House, 2009)

H. J. Eysenck, *Genius: The Natural History of Creativity* (Cambridge: Cambridge University Press, 1995)

Francis Galton, *Hereditary Genius: An Inquiry into Its Laws and Consequences* (Amherst: Prometheus, 2006)

M. J. A. Howe, J. W. Davidson, and J. A. Sloboda, 'Innate Talents: Reality or Myth?', *Behavioral and Brain Sciences*, 21 (1998): 399–442

Penelope Murray (ed.), *Genius: The History of an Idea* (Oxford: Blackwell, 1989)

Andrew Steptoe, 'Mozart: Resilience Under Stress', in *Genius and the Mind: Studies of Creativity and Temperament*, ed. Andrew Steptoe (Oxford: Oxford University Press, 1998)

第二章　天才家事

Mihaly Csikszentmihalyi, *Creativity: Flow and the Psychology of Discovery and Invention* (New York: Harper Collins, 1996)

Victor Goertzel and Mildred Goertzel, *Cradles of Eminence* (London: Constable, 1962)

R. Ochse, *Before the Gates of Excellence: The Determinants of Creative Genius* (Cambridge: Cambridge University Press, 1990)

第三章　天才教育

Robert Kanigel, *The Man Who Knew Infinity: A Life of the Genius Ramanujan* (London: Scribners, 1991)

Andrew Robinson, *The Man Who Deciphered Linear B: The Story of Michael Ventris* (London: Thames & Hudson, 2002)

Dean Keith Simonton, *Genius, Creativity and Leadership: Historiometric Inquiries* (Cambridge, Mass: Harvard University Press, 1984)

John Tusa, *On Creativity: Interviews Exploring the Process* (London: Methuen, 2003)

第四章　智力与创造力

Catharine M. Cox, *The Early Mental Traits of Three Hundred Geniuses*, vol. 2 of *Genetic Studies of Genius*, ed. L. M. Terman (Stanford: Stanford University Press, 1926)

James R. Flynn, *What Is Intelligence?: Beyond the Flynn Effect* (Cambridge: Cambridge University Press, 2007)

David Lubinski and Camilla Persson Benbow, 'Study of Mathematically Precocious Youth After 35 Years: Uncovering Antecedents for the Development of Math-Science Expertise', *Perspectives on Psychological Science*, 1 (2006): 316–45

Robert J. Sternberg (ed.), *Handbook of Creativity* (Cambridge: Cambridge University Press, 1999)

L. M. Terman, 'Psychological Approaches to the Biography of Genius', in *Creativity: Selected Readings*, ed. P. E. Vernon (London: Penguin, 1970)

第五章　天才与疯癫

Nancy C. Andreasen, *The Creating Brain: The Neuroscience of Genius* (New York: Dana Press, 2005)

Richard M. Berlin (ed.), *Poets on Prozac: Mental

Illness, Treatment and the Creative Process (Baltimore: Johns Hopkins University Press, 2008)

Noel L. Brann, *The Debate over the Origin of Genius during the Italian Renaissance: The Theories of Supernatural Frenzy and Natural Melancholy in Accord and in Conflict on the Threshold of the Scientific Revolution* (Leiden: Brill, 2002)

Kay Redfield Jamison, *Touched with Fire: Manic-Depressive Illness and the Artistic Temperament* (New York: Free Press, 1994)

Royal Academy of Arts (no ed.), *The Real Van Gogh: The Artist and His Letters* (London: Royal Academy of Arts, 2010)

Andrew Steptoe, 'Artistic Temperament in the Italian Renaissance: A Study of Giorgio Vasari's Lives', in *Genius and the Mind: Studies of Creativity and Temperament*, ed. Andrew Steptoe (Oxford: Oxford University Press, 1998)

第六章　变色龙人格

Banesh Hoffmann, *Albert Einstein: Creator and Rebel* (New York: Viking, 1972)

Daniel Nettle, *Personality: What Makes You the Way You Are* (Oxford: Oxford University Press, 2007)

Robert W. Weisberg, *Creativity: Understanding Innovation in Problem Solving, Science, Invention, and the Arts* (Hoboken: John Wiley, 2006)

第七章　艺术对峙科学

Peter Medawar, *Pluto's Republic* (Oxford: Oxford University Press, 1982)

Dean Keith Simonton, *Creativity in Science: Chance, Logic, Genius, and Zeitgeist* (Cambridge: Cambridge University Press, 2004)

C. P. Snow, *The Two Cultures: and A Second Look* (Cambridge: Cambridge University Press, 1964)

Gunther S. Stent, 'Meaning in Art and Science', in *The Origins of Creativity*, ed. Karl H. Pfenninger and Valerie R. Shubik (New York: Oxford University Press, 2001)

第八章　尤里卡经验

Frederic Lawrence Holmes, *Investigative Pathways: Patterns and Stages in the Careers of Experimental Scientists* (Newhaven: Yale University Press, 2004)

David Perkins, *The Eureka Effect: The Art and Logic of Breakthrough Thinking* (New York: Norton, 2000)

Andrew Robinson, *Writing and Script: A Very Short Introduction* (Oxford: Oxford University Press, 2009)

Alan J. Rocke, 'Hypothesis and Experiment in the Early Development of Kekulé's Benzene Theory', *Annals of Science*, 42 (1985): 355–81

第九章　汗水与灵感

David W. Galenson, *Old Masters and Young Geniuses: The Two Life Cycles of Artistic Creativity* (Princeton: Princeton University Press, 2008)

Howard Gardner, *Creating Minds: An Anatomy of Creativity Seen Through the Lives of Freud, Einstein, Picasso, Stravinsky, Eliot, Graham, and Gandhi* (New York: Basic Books, 1993)

J. R. Hayes, 'Cognitive Processes in Creativity', in *Handbook of Creativity*, ed. J. A. Glover, R. R. Ronning, and C. R. Reynolds (New York: Plenum, 1989)

Arthur Koestler, *The Act of Creation* (London: Hutchinson, 1964)

第十章　天才与我们

Harold Bloom, *Genius: A Mosaic of One Hundred Exemplary Creative Minds* (London: Fourth Estate, 2002)

Leo Braudy, *The Frenzy of Renown: Fame and Its History* (New York: Vintage, 1997)

Robert Currie, *Genius: An Ideology in Literature* (London: Chatto & Windus, 1974)

Burton Feldman, *The Nobel Prize: A History of Genius, Controversy, and Prestige* (New York: Arcade, 2000)

Colin Martindale, *The Clockwork Muse: The Predictability of Artistic Change* (New York: Basic Books, 1990)

Gerald Reitlinger, *The Economics of Taste: The Rise and Fall of Picture Prices* 1760–1960 (London: Barrie and Rockcliff, 1961)

Aaron Sachs, *The Humboldt Current: A European Explorer and His American Disciples* (Oxford: Oxford University Press, 2007)

读客

激发个人成长

多年以来，千千万万有经验的读者，都会定期查看熊猫君家的最新书目，挑选满足自己成长需求的新书。

读客图书以“激发个人成长”为使命，在以下三个方面为您精选优质图书：

1. 精神成长

熊猫君家精彩绝伦的小说文库和人文类图书，帮助你成为永远充满梦想、勇气和爱的人！

2. 知识结构成长

熊猫君家的历史类、社科类图书，帮助你了解从宇宙诞生、文明演变直至今日世界之形成的方方面面。

3. 工作技能成长

熊猫君家的经管类、家教类图书，指引你更好地工作、更有效率地生活，减少人生中的烦恼。

每一本读客图书都轻松好读，精彩绝伦，充满无穷阅读乐趣！